食べる・歩く・排泄困難、加齢による病に対応

愛犬のための

症状・目的別 高齢犬ケア百科

講談社

愛犬のための 症状・目的別 高齢犬ケア百科 CONTENTS

PART 3 愛犬ケア実例集
食べる・歩く・排泄困難・室内環境の整備等

PART 4 教えて！ 須崎先生 手作り食の疑問・不安Q&A

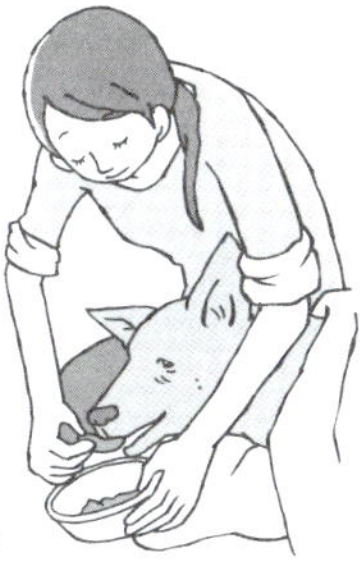

PART 5 突然の症状にとまどわないために 高齢犬の疾病ケア

はじめに

歩けない、立てない、寝たきり、食べられない…高齢犬の介護に必要な情報を集めました。

基本は人間と一緒。正しいケアと愛が大切。

既存の高齢犬関連書籍の多くは、「愛犬も高齢になると、今まで当たり前にできていたことが次第にできなくなってきます。自分で歩けない、食べられなくなったらおしまいです。そうならないように予防しましょう」といった内容がほとんどです。

しかし、人間介護では、自分で歩けない、食べられない、トイレに行けない状態になってもそこで諦めることはありません。適切な介護をして、QOL（生活の質）を保ち、生きる喜びを感じてもらうことを重要と考えます。

本書では、長年のケアマネージャー経験や、リハビリ・介護医療第一人者取材で得た知識を持つ飼い主さん達が実践した、高齢犬介助法を紹介しています。みなさん、人間介護の「あたりまえ」を高齢犬介助にも取り入れました。介護段階は日々変化していきます。本書は、愛犬の「数歩歩いては倒れる行き倒れ時期」「自分の力で立てない寝たきり時期」、「手伝えば自分で食事が食べられる時期」「口に食事を入れてあげる時期」、「排便介助」「排尿介助」と介護レベルに合わせて試行錯誤を繰り返した先輩飼い主さん達の「こんな方法が良かった！」をまとめています。

「知っていれば出来たはずの適切なケアと愛情のかけ方」を探している間に時間切れになり、後悔している飼い主さんが一人でも減ってくださればという思いを込めて、本書を書かせていただきました。

日々体調は変化します。臨機応変に対応を。

高齢犬が成犬時と大きく違うのは、体調が個々で大きく異なることです。つまり「16歳の犬は…」というくくりではなく「うちのコの場合は」と考えることが大切です。

その前提で、歩様の大きな変化としては、①後ろ脚の力が弱くなる→②後ろ脚に力が入らず行き倒れたり、すき間に挟まって出られない→③前脚にも力が入らず身体を自力で起こせず、寝たきりという段階をたどります。②の段階では部屋のどこで倒れるかがわからないので、ぶつかっても安全な室内環境の整備が重要になります。様々なすき間にはさまって出られなくなるので、すき間はふかふかでやわらかなクッション（冬用毛布の様な手触り）で埋めつくします。③の段階は、脚に力が入らないので寝たきりではありますが、まだまだ元気です。何とか自分で食事をしよう、トイレに行こうと背中歩きを頑張って、すり傷を作りがちです。床ずれ防止のためにも、寝具類の見直しが必要です。食事は、③の段階になると上半身を自分で起こせないため、自分で食べる・飲み込むが難しくなります。つまり、食べたくないのではなく「食べられない」状態に陥ります。そこで、食事姿勢の補助や、食べる前の準備が重要になります。食事の形状はピューレ状やペースト状にし、少量でも高カロリー・高栄養であることを心がけます。

元気だった頃は「身体にいいものを食べなさい」「頑張りなさい」で来ましたが、これからは「食べてくれるものを何でも食べてもらう」「排泄を失敗しても出たことをほめ、速やかに清潔を保つ」を心がけます。

もちろん、本書に記載されていることを全てやれというわけではありません。各家庭に合う介護があり、それぞれ違っていいものだと思います。費用をかけられるから、全て手作り食だから、24時間体勢で介護できるから良い飼い主！　ということではありません。あなたが今できることを無理なく、愛犬と笑顔で続けることが大切です。本書の内容をたたき台にして、あなたの悩み・迷う時間を減らすお手伝いができたら幸いです。

愛犬にあわせて生活スタイルを見直すための

愛犬の現状をチェック

犬についての高齢期、老齢期の明確な定義はありませんが、犬の年齢を人に換算する際に次の二つの数式がよく用いられます。

- **超小型・小型・中型犬**：24＋（年齢－2）×4
- **大型・超大型犬**　　　：12＋（年齢－1）×7

愛犬年齢換算表

人間年齢	60歳	65歳	70歳	75歳	80歳	85歳	90歳以上
超小型犬（5kg未満）（体高35cm以下）	11歳	12〜13歳	13〜14歳	14〜15歳	16歳	17〜18歳	18歳以上
参考犬種例	チワワ、トイプードル、ミニチュア・ピンシャー、ヨークシャーテリア、マルチーズなど						
小型犬（5〜10kg未満）（体高50cm以下）	11歳	12〜13歳	13〜14歳	14〜15歳	16歳	17〜18歳	18歳以上
参考犬種例	ミニチュアダックスフンド、イタリアングレーハウンド、キャバリア・キング・チャールズ・スパニエル、パグ、フレンチブルドッグ、シーズー、ジャックラッセルテリア、トイプードル、ビーグル						
中型犬（10〜20kg未満）（体高40〜60cm）	11歳	12〜13歳	13〜14歳	14〜15歳	16歳	17〜18歳	18歳以上
参考犬種例	柴犬、ウェルシュ・コーギー・ペンブローク、ブルドッグ、ビーグル、ボーダーコリー、紀州犬、甲斐犬、スタンダード・ダックスフンド、アメリカン・コッカースパニエルなど						
大型犬（20〜40kg未満）（体高50〜60cm）	7〜8歳	8〜9歳	9〜10歳	10歳	10〜11歳	11〜12歳	12歳以上
参考犬種例	スタンダードプードル、ラブラドルレトリバー、ゴールデンレトリバー、ジャーマンシェパード、シベリアンハスキー						
超大型犬（40kg以上）（体高55〜90cm以上）	7〜8歳	8〜9歳	9〜10歳	10歳	10〜11歳	11〜12歳	12歳以上
参考犬種例	グレートピレニーズ、グレートデン、土佐犬、バーニーズ・マウンテン・ドッグなど						

※ 同じ犬種でも個々によって異なりますので参考犬種例はあくまでも目安です。

1 散歩に出ても、ペースが遅い。立ち止まりがちになった。

原因 老齢期のサインの一つがこれで、後ろ脚に力が入りにくくなり、歩く速度が遅い、フラフラ歩く、立ち止まりがちになったりします。

対処法 無理に速く歩かせようとしても改善は難しく、辛いだけなので、愛犬の歩くペースに合わせたり、距離を短くしたりします。

2 ソファ、車にとびのれない。階段など下りるときにとまどう。

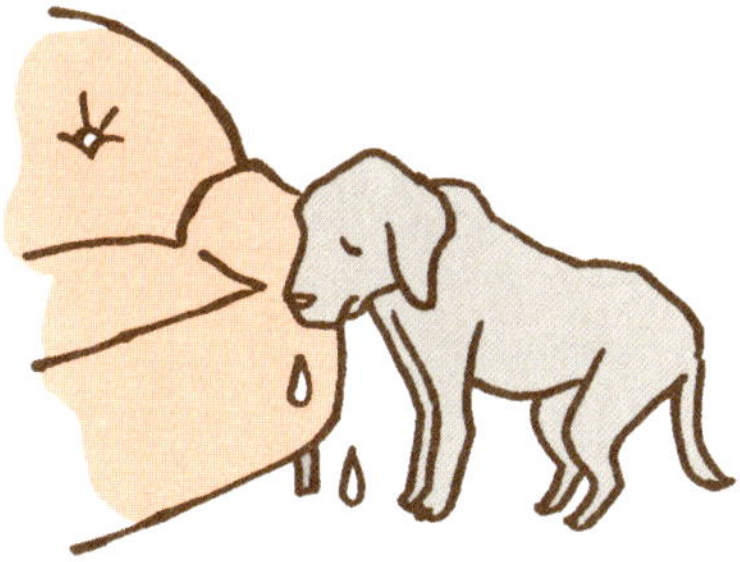

原因 上記同様、後ろ脚に力が入りにくくなり、思うようにジャンプできなくなったり、階段を降りるときに踏ん張れなくなったりします。

対処法 身体の変化を受け入れ、落ち込んだりガッカリしたりさせないように、住環境を見直したり、必要なら介助してあげてください。

3 ものにぶつかりやすい。耳が聞こえにくくなった。

原因 加齢に伴い脚がいうことをきかなかったり、目や耳などの感覚器の機能が低下してきたりすることが原因と考えられます。

対処法 身体の変化を受け入れ、愛犬の行動範囲を安全な範囲に制限したり、必要ならばコーナーガードなどで角をくるんで、ケガしないようにして下さい。

4 目ヤニ・鼻水がひどくなった。皮膚にイボができるようになった。

原因 目や鼻から異物が侵入し、それを洗い流そうとしての反応。イボは加齢による血行不良等の原因が考えられます。

対処法 高齢になると目が落ちくぼむので、こより状にしたティッシュを水で濡らし、眼頭の目ヤニをからめとるように巻き取ります。

5 風邪を引いたわけでもないのに体温が高く、寝付けないときがある。

原因 人間の高齢者も体温調節がうまく行かず、熱が体内にこもることがあります。原因は個々に異なる場合もあるので動物病院に相談してみましょう。

対処法 脇や脚の付け根をタオルでくるんだ保冷剤で冷やし、体温を調節。呼吸が速いと脱水になる可能性があるので、水分補給を十分に行ってください。

6 1回の食事量が減って、どんどん体が細くなってきた。

原因 老化に伴い食欲が低下し、十分に消化吸収できず、エネルギーを補充するために筋肉を分解することでやせ細っていきます。

対処法 本書を参考に少量でも高栄養な食事を作り、愛犬の体調に合わせた食事形態にして与えてください。

Part 1

今までと違う 身体のケア

高齢犬が安全でケガをしない環境、介助の工夫

日常生活の注意点

高齢犬と今までとの違い

今までのルールや、やっていたことはいったんリセット。今日の愛犬に合わせて臨機応変な対応を。

昨日まで出来たことが順に出来なくなる

高齢犬になると、今までと歩き方が違う（運動面の変化）、腰が下がってきた（姿勢の変化）、あまり食べなくなってきた（飲食の変化）、排泄時に踏ん張れなくなった（排泄の変化）、原因不明の熱が出る様になった（体調面の変化）など、今まで経験したことがない局面に出くわします。

犬は愛する飼い主さんのために何とか頑張りたいと願いますが、体がいう事をききません。

そこで、飼い主さんの「出来る範囲で」ではありますが、お手伝いが必要になってきます。若い頃の病気は「頑張れば治る」「まずくてもこの食事を頑張って食べて！」と努力することで改善されましたが、老化は努力をしても進行していくものです。たとえ昨日できていた事が今日できなくなっても、頑張らせないこと。新たなステージに入ったと思い、明るく声をかけてサポートに徹します。オシッコをもらしても、オシッコがちゃんと出てよかったねとほめる。温かいタオルでふいてあげて、きれいになったことを喜ぶ。犬は飼い主さんに迷惑をかけていないかを心配しています。犬を勇気づけるためには「生きていてくれてありがとう！」を伝えること。食が細くなってきた犬には、今まで行ってきた「体にいいからこれを食べて！」「これは食べたらダメ」はもうやめて、食べてくれるものを食べさせます。口から食べることが生きることなので、食べない犬と根比べをしているとあっという間に衰弱してしまいます。

出来る範囲で取り組む 自分の生活も楽しむ！

老犬介護というと、「自分にできるのだろうか…」と不安に思われる方も多いでしょう。

そんなあなたにケア実例1に登場するロンくんのお母さん（ケアマネージャーで介護職歴24年）の経験談をご紹介します。

「老犬介護、というととても敷居が高く感じられるかもしれません。私にはできない…。お金がかかる。みてあげる時間がないなど。でも、介護は生活の延長。生活スタイルが少しかわるだけだと思います。それぞれの家庭に合った介護があり、それはみんな違っていて良いものだと思います。要は、飼い主が長年過ごしてきた家族同様のペットに、こんな風にすごしてほしい、と思うことができればそれでいいのだと思います。大切なことは、他人の介護と比べないこと。お金をかけているから、全て手作り食だから、1日中みてあげているから偉いというわけではないと思います。今の自分にできることを無理なく続けることだと思います。介護は始まるといつまでなのか期間がわかりません。しかも、24時間、365日です。人間ならば他人にお願いするシステムもたくさんありますが、犬や猫の場合はほぼ、家族だけでやっていかなくてはならないので毎日続けられる、ムリのない選択をしていくことが必要です。もし、少しでも〝あーこんなにお金がかかっちゃってどうしよう…〟とか、〝こんなに毎日お世話に時間をとられてストレスがたまる…〟と思うようなことがあるとそれは、みんな犬、猫達は敏感に感じとると思います。大好きな飼い主さんが、悩んでいる、苦しんでいると思えばその子達は生きる選択をしないのではないかな…と。だから、私もお金はかけるところにはかけましたが、かけなくていいところには、極力かけずに経済負担を少なくしたり、食事も市販品やペットフードを取り入れながら自分が追い詰められないように自分の生活も楽しめるように、を心がけていました。飼い主が笑っていれば自然と笑ってくれるような気がします。」

ぜひ、変化を受け入れ、お互いにストレスにならない接し方・捉え方を！

日常生活の注意点

習慣にとらわれず、体力に合わせた対応を

歩き方がおかしい、今まで出来たことが出来なくなる…そんなことが起こったら介助準備を。

運動・姿勢のサインがでたら、そろそろのサイン

「あれっ？　後ろ脚の歩き方がおかしい？」大抵は小さな変化から始まります。愛犬も不思議に思うようで、戸惑う子もいます。しかし、中には**ケア実例1**でご紹介したロンくんのように、足腰が弱くなったので、足のつく浅いプールで遊ばせていたのに、自ら深いプールに飛び込んでしまい、気力はあるが、後ろ脚の力がなくなっていたため、泳げずにプールに沈んでいき、ご主人がすかさず救助する。などというアクシデントも起こりえます。

犬によっては、「なんか脚の調子がおかしいから散歩は短めで切り上げます。」と、飼い主に自己主張する子もいますが、人間同様、楽しいとついつい疲れに気づかずに張り切ってしまいがちです。犬が必ずしも自分の調子を見極められるなどと思わず、飼い主が判断し、必要なサポートをして下さい。

そのサインとしては、以下があります。

- 歩くスピードが遅くなる。
- 姿勢を変えるときにふらつく。
- お尻が下がる。
- ソファーや車に飛び上がれない。
- 階段の上り下りをためらう。
- 突然立ち止まる。
- 散歩途中に帰ろうとする。
- 食事を座って食べ始めた。
- 排泄のかがみ姿勢をとる際にふらつく。

これらのサインが現れたら、弱った足腰の補助にはカートを用いて目的地まで乗せて行ったり、住環境の見直しなどを行うと良いでしょう。

運動量オーバーのサイン

1 散歩のときの足取りが重い

どんなに鍛えていても、老化のサインはまず後ろ脚に出てきます。歩き方がフラフラしてきたり、遅くなることが代表的なサインです。「なんか今までと比べて歩き方が変…」と感じたら、それは老化のサインかもしれません。

2 表情や姿勢に気を配り、現状を正しく把握する

老化と共に体力が低下してきます。今までできていたことがだんだんあるいは急に出来なくなると、犬も落ち込みます。表情の変化や、腰が落ちるなど姿勢の変化が出てきたら、今まで以上に気を配ってあげてください。

3 愛犬が好きなことでも年齢に合わせて時間制限を

犬自身は加減が解らない事もあります。泳ぐのが好きだった子が、気力はあるが後ろ脚の力が無くなってきたため泳げずにプールに沈んでいくこともあります。ボール遊びなども同じです。そんなときは飼い主さんが判断して加減してください。

日常生活の注意点

高齢犬にやさしい部屋づくり

愛犬の変化に合わせて、床材の張り替え、柱等の角をカバーをして安全に。寝具やクッション素材の見直しを。

愛犬を不意のトラブルから守るための工夫

高齢になると、

- 脚で身体を支えられない。
- 角にぶつかる（P.79参照）。
- 行き倒れる。
- 身体の温度調整が難しくなる。
- 食事・水飲み姿勢が困難。
- トイレのかがみ姿勢が困難。

などの変化が現れます。

　愛犬の体調の変化は、後ろ脚の筋力低下による行き倒れ時期→歩けないが支えれば立てる時期→前脚にも力が入らず寝たきりだが、背中歩きで動ける時期…という流れで進行します。愛犬の身体の変化に合わせて生活環境を整える必要があります。

　フラフラと歩いては行き倒れる時期は、あちこちにぶつかる上、まさかのすき間に入り込み、出られなくなる場合があります。ケア実例3のイサベラちゃんは、飼い主さんが仕事から帰宅したら、ソファーの下のすき間に入り込んで動けなくなっており、すでに体は冷えきり、衰弱していました。その後、すべてのすき間には、表面が冬用毛布のような手触りのふかふかなクッションを詰め込み、部屋の外周全てに布団を敷き、壁にもクッションを立て掛けたそうです。床にはタイル状のカーペットを敷き詰め、トイレにたどりつけず汚れたら、その部分のカーペットを外して洗い、ストックに敷き替えました。水は、首を全くかがめなくても飲める工夫をしました（P.85、91参照）。

　気力維持に欠かせない団らん参加は、布団を持参したり、寝たきり期は巨大ビーズクッションに座らせる工夫をしました（P.102参照）。

変化する体調と室内環境

1 すべらない床材に変える。ぶつかってもケガをしない工夫をする。

脚に力が入らなくなると踏ん張れなくなるので、滑らない床材に替えたり、柱はぶつかってもケガしないようコーナーガードクッションなどを巻き付けます。

2 部屋は涼しくし（大型犬はとくに）、お腹は小さめ毛布などをかけて冷やさない。

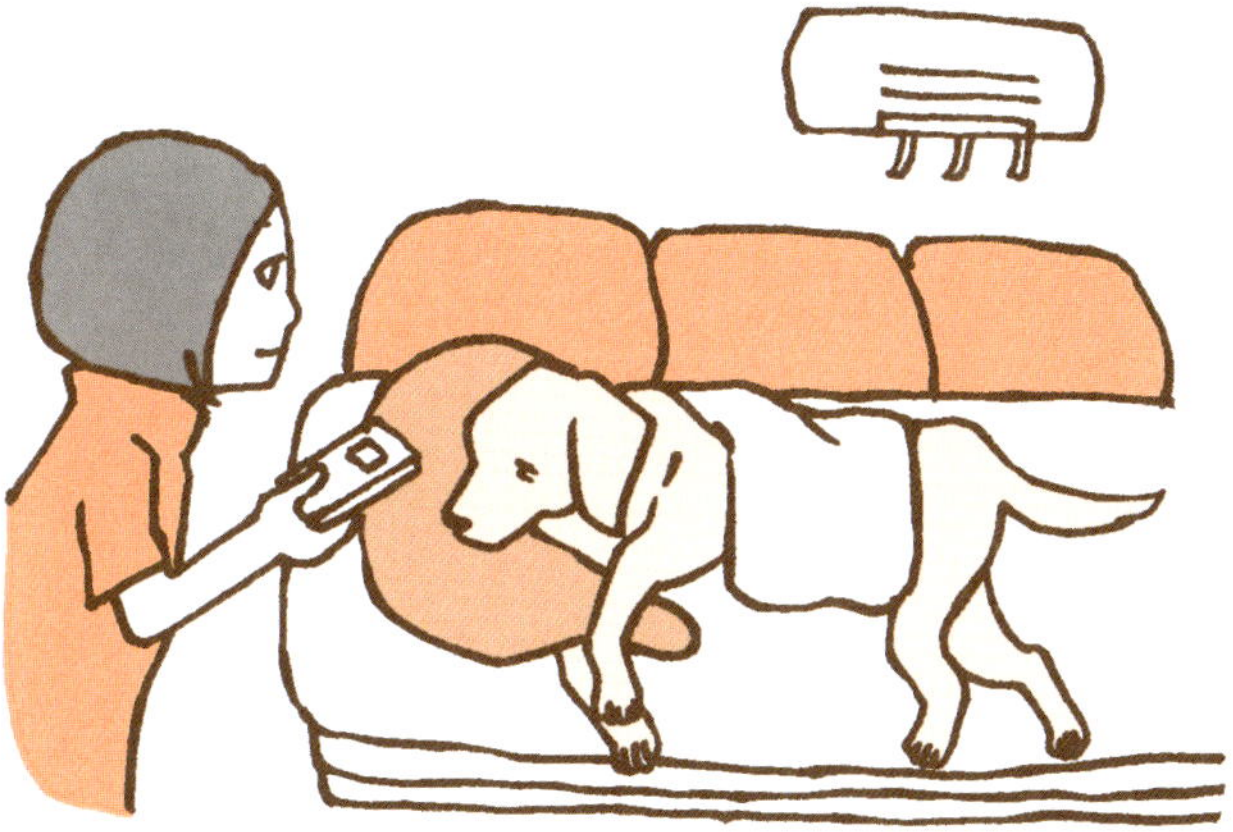

老化の一つに体温調節が難しくなることがあります。犬は高温が苦手なので部屋は涼し目にし、体幹が冷えないように小さめの毛布を利用して温度を調節。

日常生活の注意点
高齢犬にやさしい寝床づくり

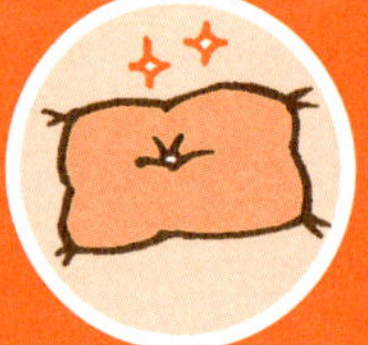

歩ける時期から寝たきり状態まで、愛犬の変化に合わせて寝具も高反発から低反発へ移行するなど臨機応変に対応を。

「なめらかな手触りでふかふか」なグッズを

後ろ脚の筋力低下で行き倒れる時期（支えれば立てる）→前脚に力が入らず寝たきりだが、背中歩きで動ける時期…と、身体の変化に合わせて寝床を変えることが床ずれ防止に重要です。

ケア実例3のイサベラちゃんのように、踏ん張れば立ち上がれる時期には踏んばり補助になる高反発のマットレスが効果的でも、頑張っても立ち上がれない時期には、高反発マットレスは固くて皮膚に負担をかけて床ずれになりやすいので、高反発マットレスの上にやわらかな低反発マットレスを重ねて二重構造にし、皮膚の摩擦防止に冬用のふかふかな敷毛布などを重ねる工夫をしました（P.99参照）。

寝たきりといっても、歩けないだけでまだまだ元気。本人としては、トイレや水飲み、移動を自分で行おうと、肩甲骨を使って「背中歩き」をします。留守中どんなに身体や顔をこすり続けても、擦り傷を作らない環境を作る必要があります。そんなときは、シングルサイズのマットレス一つでは狭いので、シングルサイズ×2＝キングベッドサイズにすることが必要かもしれません。

また、壁にぶつかってもケガをしないように、手触りがなめらかでふかふかのクッションを壁に立てかける工夫も必要です。このときにサイズが小さいものだとクッションの下に身体が入り込んで、埋もれて出て来れなくなるので、いろいろ試した結果、ロングサイズのクッションがよかったそうです。

変化する体調と寝床環境

1 ふんばれば立ち上がれる時期

踏ん張り補助のために、高反発マットレスを2枚重ねに（1枚だと高さが低くて立ち上がり補助になりづらい）し、マットの上には皮膚への摩擦防止に、冬用のふかふかな敷毛布などを重ねます（P.99参照）。

2 がんばっても立ち上がれない時期（寝たきり）

身体の沈み込みと床ずれ防止のため、高反発マットレス→低反発マットレス→綿パイルおねしょ防水シーツ→オシッコシート→冬用敷毛布の順に重ねます（P.99参照）。骨のでっぱり部分はやわらかなクッションで保護します。

日常生活の注意点

高齢犬の身体のお手入れ

加齢とともに皮膚が乾燥して傷つきやすくなるので、皮膚、鼻、肉球、目、の保湿ケアが必須事項に。

高齢犬のためのお手入れ方法

高齢犬はトリミングサロンに行くと愛犬の負担になるので、自宅でのお手入れが必須です。長毛種に限らず、排泄サポートには、お尻周りの毛のカットが有効です。お手入れをする際は、一段高いソファーやベッドに寝かせて行うと犬とアイコンタクトがとれるので、快・不快がわかりやすく、犬に無理を強いることなく安全に行いやすいです。また、一度に全部やろうとせずに、今日は顔だけなど臨機応変に対応してください。

高齢になると目ヤニが頻繁に出てきます。加齢により目が落ちくぼんでいる場合は、濡らしたテッシュで目ヤニの端をとらえて、クルクルとティッシュを回転させて巻き取ります。目ヤニ掃除の後は、必要に応じて結膜炎対策の目薬を点眼します。目が落ちくぼんでまぶたが閉じなくなった場合(P.97参照)は、目の乾燥防止に、粘張度の高い保湿目薬を度々点眼します。

高齢になると皮膚が乾燥しやすく、放っておくと鼻や肉球がひび割れ、出血します。1日に何回も白色ワセリンを塗り、保湿を心がけます。骨の出っ張り部分や擦れてかさかさした部分も同様に塗ります。爪切りは、人間の介護現場などで使う、ニッパー式の爪切りがおすすめです。爪が割れることなく、お手入れができます。お尻や被毛が汚れたときには、濡らして固くしぼったタオルを電子レンジで40度くらいに温め、やさしく拭き取ります。くれぐれも人間が手で持てないような、熱すぎるタオルを使用してはいけません。

お手入れ方法

1 トリミングなどはソファーに寝た状態で行うとよい

犬種によってトリミングは必須です。安全に作業するためには、ソファーやベッドに寝かせた状態で、犬とアイコンタクトをしながら、お手入れをします。犬の姿勢が辛くないように、クッションなどで上体を少し起こしてあげるとよいでしょう。

2 トイレ後、食事後は温かいタオルでふいてあげるとさっぱりと清潔に

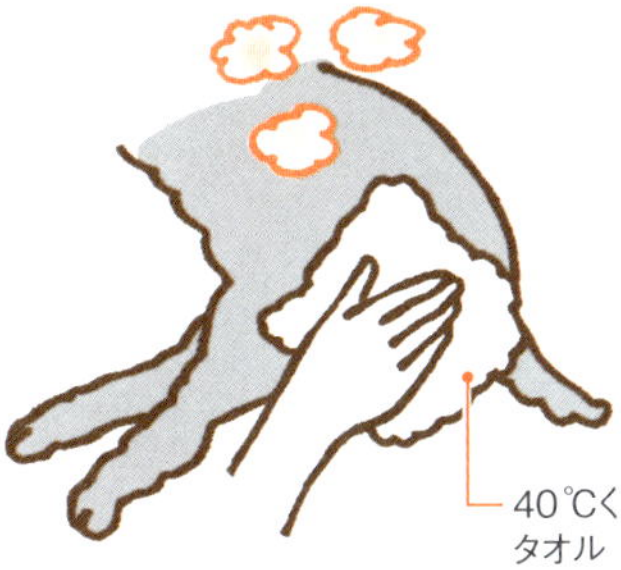

被毛や皮膚が汚れたら、その都度拭いてあげましょう。大きな汚れはウエットティッシュなどで取り、仕上げは電子レンジなどで40℃程度に温めた蒸しタオルで拭いてあげると、さっぱりとして清潔に保てます。濡れたままだと床ずれ原因になるので、必要であればドライヤーで乾かします。

3 目は保湿効果のある目薬を 鼻や肉球などの乾燥は白色ワセリンで保湿

目ヤニは濡らしたティッシュで目ヤニの端を捉えてクルクルとティッシュを回転させて目ヤニを巻き取り、必要に応じて保湿効果のある目薬を使用。鼻や肉球が乾燥するとささくれて出血するので、小まめに白色ワセリンを塗ります。

日常生活の注意点

「床ずれ」を作らないために

床ずれ予防は、身体をこすり続けても傷にならない表面が滑らかでふかふかな冬用毛布のような素材を選ぶのがポイント。

床ずれ＝外力×時間 寝具の工夫と体位変換

床ずれ（褥瘡《じょくそう》）は、皮膚の同じ部分に長時間圧迫がかかることで、その部位の血流が悪くなり、酸素不足や栄養不足を引き起こし、組織が死んで（壊死）発生します。高齢犬の皮膚は薄く、弾力性が少ないため、皮膚の乾燥や、栄養不足なども直接的に影響します。

床ずれが発生しやすい場所は、痩せて骨がゴツゴツと飛び出した部分（P.32参照）で、ここに2〜3時間圧迫がかかると発生します。脚の骨同士が接触した状態も同様です。

床ずれは自分の力で寝返りや移動が出来なくなった高齢犬に起こりやすく、傷んだ皮膚に摩擦が加わると、さらに深い床ずれに発展します。皮膚が壊死すると、死んだ組織をエサにするため、細菌やカビの感染が起こりやすくなり、治りにくくなります。

まずは、皮膚にかかる力を最小限にするべく、「表面が滑らかでふかふかな寝具」に寝かせたり、2〜3時間おきに寝返りを打たせたりすることが必要です。

ケア実例3のイサベラちゃんは、日中6時間以上のお留守番をしていたので、留守番対策として、出張介護サービスを頼もうとしましたが、「大型犬を抱き上げられないので」と断られてしまいました。そこで、寝具を工夫し、お留守番をしてもらいました（P.99参照）。ずっと同じ位置で寝ていたら血流が滞って床ずれになりますが、なめらかでふかふかな寝具の上で背中歩きをしている分には、床ずれはできませんでした。安全な寝具を選ぶことは重要です。

床ずれを予防するため外力と時間を意識する

床ずれにならないためにはどうしたらいいのでしょうか…？「床ずれの発生＝外力×時間」という原理原則がありますから、一箇所にかかる外力（圧力や摩擦力）を最小限にし、その部位に外力がかかり続ける持続時間を短くすることが大事だということがわかります。

例えばシーツはピンと張るのが正しいと思われている方が多いですが、骨の出っぱった部位に強く当たってしまうので、シーツはゆったりめに敷く必要があります。ただし、シワも床ずれの原因になるので、引っかけ部分があるシーツや毛布を選びます（P.99参照）。

また、オムツのこすれで皮膚に負担がかかって床ずれになることが、人間の介護現場では頻繁に起こります。すぐに交換できない場合は、オムツを使用せずに、敷き毛布やオシッコシートにオシッコを吸収してもらって、自らは背中歩きで汚れていない場所へ移動してもらう方法を採用します。

どんなに身体をこすり続けても、絶対に床ずれにならないふかふかな寝具を追求して上手く行った例に、高反発マットレス↓低反発マットレス↓綿パイルおねしょ防水シーツ↓オシッコシート↓冬用敷毛布を順番に重ねる方法がありました。直に触れる素材は以下を選びます。

【床ずれ、ケガを防止する素材】

夏用の素材は摩擦力が強くなるので、犬の皮膚が直接触れる場所には、なめらかでふかふかな手触りの冬用毛布の質感が基本です。ループ状のタオル素材は、爪にからまってケガをするため、危険です。頭は沈み込みや反り防止にクッションを枕にし、腰の下にはオシッコシートを敷いて、犬自身が濡れる率を軽減します（P.96参照）。

一箇所に圧がかかり続ける時間を減らす最適な方法は2〜3時間ごとに寝返りを打たせることですが、寝具やクッションが配慮されていれば、対応ができないときも何とか床ずれを作らずにやれるということです。

ちなみに床ずれの初期には、皮膚が赤みを帯び、水ぶくれやあざができ、進行すると、皮膚の細胞は死んでしまい黒く変色したりします。

日常生活の注意点

「床ずれ」防止に欠かせない配慮

床ずれになるかどうかは一点にかかる力と時間を最小限にすることを意識するのが重要です！

滑らかな手触りでふかふかなクッション

「床ずれの発生＝外力×時間」ですから、一箇所にかかる力を分散し、同じところに圧力がかかる時間を減らすことができれば、床ずれは防止できます。

一箇所にかかる力を分散するために、踏ん張れば立ち上がれる時期が過ぎたら（寝たきり期になったら）、犬の皮膚に触れる側は低反発マットレスに変更します。上には綿パイルおねしょ防水シーツ→オシッコシート→冬用敷毛布の順に重ねます。

頭の枕（頬骨の床ずれ対策）や、抱き枕（脚同士が擦れて傷が出来るのを防ぐ）、壁際のクッションも表面の肌触りが滑らかでふかふかな冬用毛布のような質感を選びます。

なぜ壁？　と思われるかもしれませんが、壁は背中歩きをするといずれ突き当たる場所なので、壁がむき出しだと顔や背骨をこすってケガをします。この様な準備をすることで、床ずれを防いで穏やかな時間を過ごせたという報告があります。ぜひ、参考にしてみて下さい。

寝返りは2～3時間ごとに打たせるのが基本ですが、1日中付き添うことは厳しいので、道具が重要になります。

寝返りを打たせる際は、今まで上だった側を下にしなくてはいけません。身体が痛いのかバタバタして落ち着かないことがあります。これは放っておいても休まるものではありません。上体を少し起こした状態で固定できる、大きめのやわらかなクッションをで補助すると、身体に無理がないのかすやすやと寝てくれることがあります。

寝返りと寝具の工夫

1 寝たきり時期の、寝床づくり

身体の沈み込みと床ずれ防止のため、高反発マットレス→低反発マットレスの順で2枚重ねる。マットの上には皮膚への摩擦防止に、冬用毛布などを重ねる（P.99参照）。骨の 出っ張りに圧がかからないよう、クッションを活用。

2 愛犬が苦手な側に寝返りをうたせる際は、上体を起こした体勢を作ってあげるのがコツ

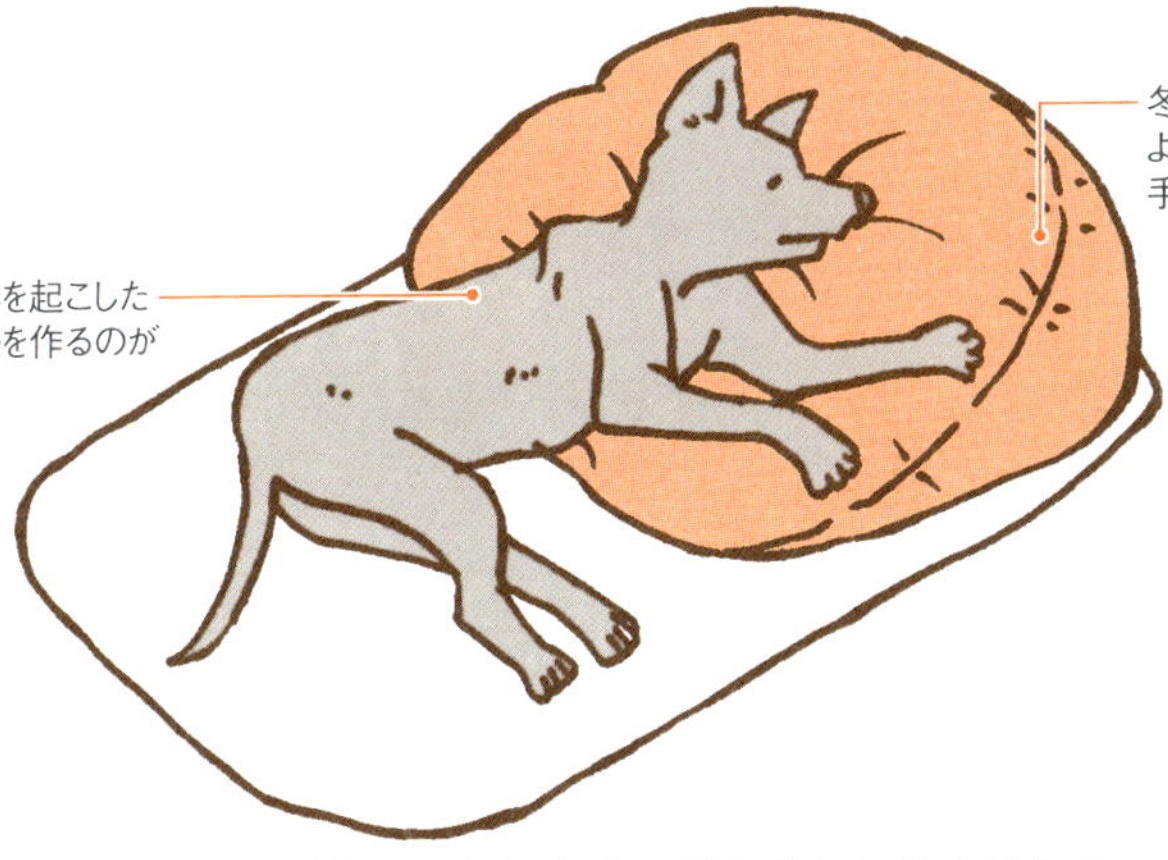

今まで上にしていた側を下にしたとき、落ち着かないようなら、上体を起こした体勢が取れるクッションを活用します（P.96 参照）。

知っておきたい介護の常識

傷は消毒せずに水洗い

傷口が痛くなく、治りが早く、傷跡が残らない『湿潤療法』の最初の手順は、水洗いで細菌を流す！

傷は消毒せずにすぐに水道水で洗浄！

かつて、傷の処置は「消毒して乾燥させ、カサブタをはらせる」でした。しかし最近では「傷は消毒せずに、水洗いして、乾燥させない」が主流となりました。

なぜならば、旧来の方法（消毒&乾燥）だと治りが遅く、痛く、傷跡が残ってしまうというデメリットがあるためです。この新しい方法（水洗い&乾燥させない）は、治りが早く、痛みも少なく、傷が綺麗に治る特徴があります。この消毒薬を使わずに、傷口を水道水でよく洗い、白色ワセリンを塗布し、創傷被覆材や自家製床ずれパッド（台所用の穴あき水切り袋に、はさみで切ったオシッコシートや生理用ナプキンを入れ、ヒートシーラーで閉じたもの）を患部に貼り、テープで固定する傷の治療法を『湿潤療法』と呼びます。

このお話をすると「そんな、水で洗うだけで、消毒しなくて大丈夫なのか？」という不安がおありかと思いますが、1962年にウィンター博士が雑誌『Nature』に発表した論文により、湿潤療法の概念は急速に広まり、その後多くの研究結果や臨床データが集積され、創傷管理の基本の一つとして定着し、広く臨床応用されるようになりました。湿潤療法を応用した絆創膏『キズパワーパッド』という製品も市販されています。

この湿潤療法の入り口として大切なことは、〝傷ができたらすぐに水道水で洗う〟です。寝たきり状態の場合は、ペットボトルで簡易シャワーを作って患部を洗います（P.67参照）。

傷口を消毒すると何がいけないのか？

傷口を水道水で洗うのは細菌を洗い流すためでした。だとしたら、消毒薬の方がもっと細菌数を減らすことが出来るのではと思いますし、そうしてきましたが、実は消毒薬を使わずとも、水洗いだけで充分なのです。

では、いったい消毒薬を使う事の何が問題なのでしょうか？以下にまとめます。

【消毒液を使うデメリット】

①正常な細胞も被害を受ける。
②消毒薬を使うと菌が増える。
③消毒薬を使っても無菌にならない。
④消毒薬により傷が悪化し、治りにくくなる。
⑤消毒により、正常な細胞が損傷し、痛みが増す。
⑥消毒により、出血量が増す。

【解説】

①…消毒薬は細菌にダメージを与えて殺しますが、同時に傷のむき出しの細胞にもダメージを与えます。細菌は細胞壁によって守られていますが、人間の細胞の外側には細胞壁がないので、消毒によって正常な細胞が破壊されます。

②…死んだ細胞がたんぱく質のスープとなり、細菌が増えやすい状態に。消毒薬を使った瞬間は細菌が減っても、しばらくすると細菌が増殖します。

③…微生物はどこにでも存在しています。まして、傷口は36℃くらいに保たれ、水分も栄養も豊富な状態で、細菌繁殖に絶好の条件が整っています。このことから、どんなに傷を消毒しても、抗生物質を投与しても、傷が無菌状態になることなどありえません。菌が多少いたとしても、皮膚は条件が整えば元に戻ることに気付かされたのが、「湿潤療法」です。

④⑤⑥…消毒薬で傷口の正常な細胞が破壊されるということは、消毒をすればするほど、傷を治すのではなく、逆に傷の状態を深刻化させ、回復を遅らせるということです。実際、傷口に消毒薬を塗るとものすごくしみますし、傷口の比較実験でも、消毒をした方が出血量が多いことが指摘されています。

ただし、元々壊死した組織が傷口にある場合は、それが原因で微生物が爆発的に増えるので、水で洗浄した後は、獣医師の適切な指示を仰ぎます。

知っておきたい介護の常識

傷は乾燥させない！

傷をきれいに治すためには、「傷を乾かさない」ことが大切です。ガーゼの使用もカサブタもNG。

傷を乾燥させると皮膚の細胞が生存不可

正常な皮膚は表面から深部に向かって表皮→真皮→皮下組織と層構造になっています。

床ずれのような傷は、皮膚表面（表皮）がえぐれ、表皮の下の真皮があらわになった状態です。

この傷が治るためには真皮の修復→表皮が傷口を覆うというプロセスで修復が進みます。

この真皮の弱点の一つが乾燥で、新しく作られた細胞は湿潤な環境の中でしか生存できません。乾燥させると真皮の細胞は死んでしまいます。ですから、傷を治すためには、傷を乾燥させないことが大切です。

かつて常識だった傷を乾かす治療法では、①傷を化膿しないように消毒する、②傷がジュクジュクするので、ガーゼを当てて吸い取る、という方式でした。しかし今日、その治療法は、傷を治すどころか、消毒もガーゼも傷にとっては有害なものでしかないとわかってきました。次に紹介する傷の治る仕組みを知ると、いかに消毒やガーゼが傷の治りに悪影響かが解ります。

傷は以下のように様々な細胞の連係プレーで修復されます。

【傷を治す連係プレー】

①皮膚が傷付くと、出血するが、傷口に血小板が集まってきて、血液を固めて止血する。

②次に白血球（好中球やマクロファージなど）が傷口に集められ、傷によって死んだ組織や細胞、細菌を除去する。

③コラーゲンを生成する細胞（線維芽細胞）が集まり傷口を埋める。

④表皮細胞が集まり傷口を覆ってふさぐ。

浸出液に含まれる成分が皮膚の再生を促す

右頁のように、傷が治るためにはさまざまな細胞が傷口に集められます。この傷を治すために必要な細胞を傷口に呼び寄せる役割を果たすのが「傷を治す物質（サイトカイン）」で、必要な細胞が必要なタイミングで呼び寄せられます。

皮膚を乾燥させなければ、傷口から「滲出液《しんしゅつえき》」が分泌されるためジュクジュク状態になりますが、これが回復しているサインです。そしてこの滲出液にはサイトカインをはじめとして、傷を治すために必要な成分がたくさん入っているので、皮膚の再生がどんどん促されます。

これによって、傷口が生きた細胞で埋め尽くされ、傷跡を残すことなく回復させるのです。

次に「カサブタがダメな理由」ですが、以前は傷の修復過程において必要なプロセスで、回復の目安と考えられていました。

しかし、カサブタは傷口を乾燥させたことで死んでしまった細胞が固まったもので、新しい組織は、カサブタと、その下の生存組織との間に潜り込むようにして再生していくことになります。案外カサブタの下の傷が化膿してしまうことも多いので、滲出液でいつも湿った状態にして、カサブタができないようにする方が菌の感染を抑えます。

乾燥した状態が続くと、剥がれたカサブタの下の細胞が壊死し、皮膚は完全に再生できず、傷痕になってしまいます。また、再生するスピードも遅くなってしまいます。

次に「ガーゼがダメな理由」ですが、これもかつては、通気性のよいガーゼで傷口を覆い乾燥させていました。しかし、ガーゼを使う事でせっかく出てきた「傷を治すための浸出液」がガーゼに吸い取られて蒸発してしまい、傷は乾くことで、治らず、今では傷を治すことを邪魔するものとなりました。ガーゼは傷口にくっついてしまうため、ガーゼをはがす時に、新しくでき始めた表皮細胞も一緒にはがれてしまいます。つまり、ガーゼを取り換えるたびに、傷治療を邪魔していたわけです。傷はガーゼではなくて、創傷被覆材や自家製床ずれパッド（P.31参照）で覆って湿潤環境を保つことが大切です。

知っておきたい介護の常識

傷を速やかに治す『湿潤療法』

傷口を水道水で洗い、余分な水気を取り、ワセリンを塗り、自家製床ずれパッドで保護する。

改良版湿潤療法で床ずれをきれいに治す

『湿潤療法』のやり方は簡単で、①傷口を水道水で洗い、②患部周囲の水気を優しく拭き取り、③消毒せずに、白色ワセリンを塗って、④自家製床ずれパッドを貼るか、動物病院等で入手できる「創傷被覆材」を貼るだけです。

この方法で、創傷治癒に最適な環境（＝湿潤環境）を人工的に創り出し、傷口から分泌される浸出液（傷を治すサイトカインを含み、白血球を患部に呼び込み、真皮・表皮の修復を促す）で、患部修復に適切な指令を適時出してもらい、身体が本来持っている力「自己治癒能力」を最大限に活かして治します。

以前は、水洗浄＋白色ワセリン＋食品用ラップの組み合わせの『ラップ療法』が広まっていましたが、最近は食品用ラップではなく、自家製床ずれパッドが主流になりました。改良版は、台所用穴あき水切り袋にはさみで切ったオシッコシートや生理用ナプキンを入れて、ヒートシーラーで閉じ、患部にあて、テープで留める方式です。

こんなメリットの多い湿潤療法ですが、①浸出液が多い傷、②壊死組織が多い傷、③糖尿病などで抵抗力が落ちている高齢犬の場合は必ず獣医師の指導の下で湿潤療法を行います。特に、①と②は、細菌が繁殖しやすい環境なため、通気性のない食品用ラップで覆うと、爆発的に細菌が増殖します。そして増殖した細菌が傷口から血管に侵入し、敗血症性ショック（細菌が全身を駆け巡り、血圧が低下し、死に至ることもある）と呼ばれる状態を引き起こすことがあります。

『湿潤療法』の流れ

1 霧吹きに入れた水で患部を洗う

傷の細菌や汚れを洗い流すために、霧吹きやペットボトルに入れた水道水（P.67 参照）で患部を洗います。床ずれの内部は洗わなくても自然にきれいになります。

2 患部周囲の水気をやさしくふきとる

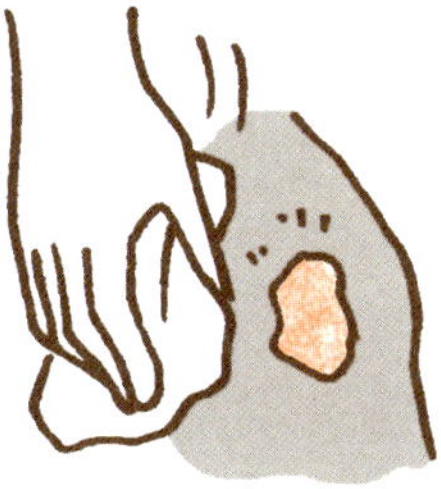

水道水で洗浄した後は患部の周囲をペーパータオルなどで軽く拭き取ります。このとき、修復過程の真皮を傷つけないように、傷口は拭かないで下さい。

3 患部に白色ワセリンを塗る

水が蒸発するのを防ぐために、湿った患部に白色ワセリンを軽く塗ります。

4 自家製床ずれパッドで保護し、テープで留める

台所用穴あき水切り袋に、はさみで切ったオシッコシートや生理用ナプキンを入れ、ヒートシーラーで袋を閉じ、患部にあて、テープで留めます。

床ずれができやすい場所

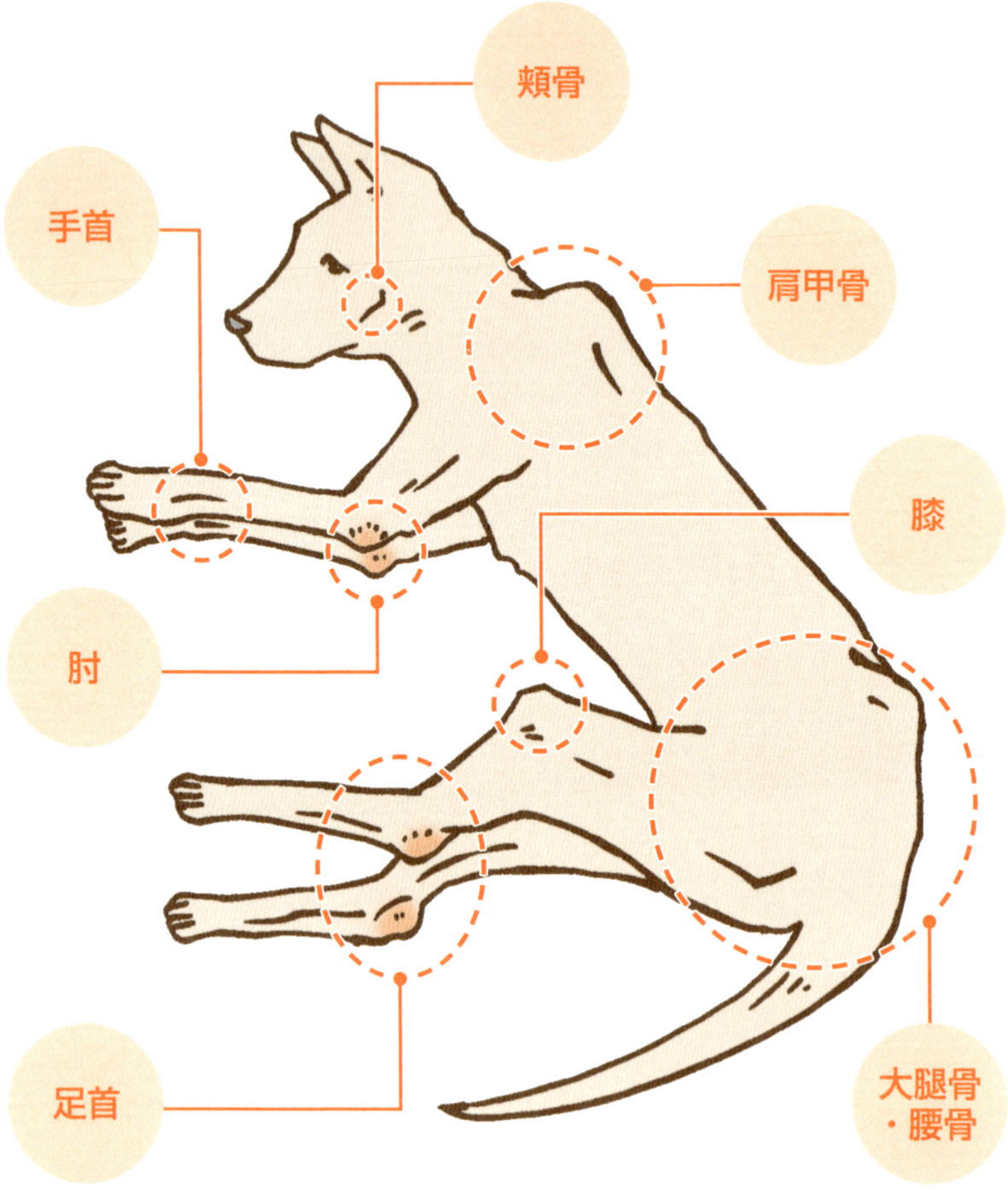

床ずれは骨が飛び出した部分に、体重等による圧力や摩擦力などの力が一定時間加わると発生します。床ずれが出来やすい場所は、頬骨、肩甲骨、肘、手首、膝、足首、大腿骨、腰骨、膝などの、骨の飛び出した部分で、骨の部分に圧力がかかるとたちまちできます。

これらを防ぐためには、冬用毛布のようななめらかな手触りの敷毛布、クッション等を用意することが大事です（P.96、97、99 参照）。頭部は、頭が沈み込まないようにクッションを用い、前脚の重なり部分は骨がぶつからないようにやわらかなクッションをはさみます（P.80、81、96、97 参照）。

Part 2

今までと違う食事のケア

高齢犬が安全で食べやすい、美味しい、食事の工夫

高齢犬の食事ルール

食べてくれることが第1条件

食事介助が必要な高齢犬は少食なので、考え方を変えて「食べてくれる食事」がいい食事になります。

口から食べられることが生きることの第一条件

若い頃は病気や症状別に食べ物を選ぶことをおすすめしてきましたが、食欲がない高齢犬に同じことを行うと食べないまま日が流れ、あっという間に衰弱し、命の危険に直面します。高齢犬は犬が食べてくれるものを選ぶことが第一条件。人間のものだから、添加物が気になる、はもはや二の次。むしろ、元気だった頃には避けてきた、砂糖や油脂などの少量でも高カロリーな食材が、食事量が減ってきた高齢犬の生命維持を助けてくれます。食べ過ぎなども気にせずに、量が食べられる日には好きなものを気が済むまで食べてもらって活力を温存します。元気だった頃と同様に心がけてほしいのは、排便を促す食物繊維の摂取。にんじん、キャベツなど犬が好む野菜を活用します。高齢になると、水分摂取が上手にできなくなり、どうしても脱水症状に陥りがち。人間が意識的に水分摂取をこまめにサポートしてあげることが必要です。

何でも好きなものをあげていいと言いましたが、絶対にダメなのは、ネギ類やチョコレート。喉に詰まりそうなもの、誤嚥（P.49参照）を招く恐れのあるものです。

食べてくれない＝食欲がないと諦めるのではなく、食べられない原因を考えることが重要です。それは、食事の形状、食事の姿勢、食べたいものじゃない、気分が乗らないなど様々考えられます。本書では食べてくれるために試行錯誤し、乗り越えた実例を数多く紹介しているのでご参考にしてください。

高齢犬の食事の考え方

Point 1　今まで禁止していた人間の食べ物も解禁

Point 2　少量でも高カロリーなものを選ぶ

Point 3　愛犬が食べたくなるものを探す

焼いた肉は大人気。肉が固くならないようにふたをしてふっくらと焼き上げる。

鶏胸皮なしより、柔らかく高栄養の鶏もも皮つきを選ぶべし。骨つき肉をほぐしてあげると喜ぶ。

牛バラ・豚バラしゃぶしゃぶ用は柔らかく高栄養で常備したい食材。だしで茹でて風味豊かに仕上げる。

少量で美味しくエネルギーを上げる砂糖は介護食の優秀食材。甘い味つけは高齢者、高齢犬ともに好まれます。

Point 1
高たんぱく質
高齢犬食で意識すべき事

高齢犬食の基本は高たんぱく質で高エネルギー！牛・豚バラ肉（しゃぶしゃぶ用）や鶏もも肉皮つきは冷凍して常備する。

たんぱく質があれば他は無くてもいい？

極端な話ですが、三大栄養素（たんぱく質、糖質、脂肪）の中で、「どれか一つだけを一生涯摂取します。どれを選びますか?」と言われたら、たんぱく質を選びます。なぜかというと、構成元素が糖質と脂肪は炭素、水素、酸素から成り、たんぱく質はその三つに加えて窒素から成ります。

代謝により、糖質と脂肪は相互に変換できますが、糖質と脂肪には窒素がないため、たんぱく質になることは出来ません。しかし、たんぱく質は窒素を捨てれば、糖質にも脂肪にも変換できます。このことから、たんぱく質さえあれば、必要に応じて糖質も脂肪も作れるので、「犬は糖質（炭水化物）は無くても生きていける」と言われており、それがゆがんだ情報となり「犬に糖質を与えてはいけない」などという誤解が生まれることになりました。

それはさておき、高齢犬は食事量がぐっと減るため、少量でも高栄養・高エネルギーな食事を食べさせる必要があります。また、食べたくなる食事であることも重要です。おすすめは、牛・豚・鶏をたっぷり用いて野菜と共に煮込み、冷めたら肉からでたたっぷりのコラーゲンでにこごりができるようなレシピ（P.100参照）です。上に白く固まる脂は軽く除きます（多すぎる脂は肝臓に負担をかけるため）。

牛・豚バラ肉しゃぶしゃぶ用は、柔らかく食べやすいので、常に常備し、間食や食事として与えます。

高齢犬におすすめの 高たんぱく質食材

豚バラしゃぶしゃぶ用

含まれる栄養素

ビタミン B_1
…エネルギーを作り疲労回復

ビタミン B_2
…皮膚や粘膜の機能維持

牛バラしゃぶしゃぶ用、すきやき用薄切り肉

含まれる栄養素

ビタミン B_{12}
…造血ビタミンで血色良く

ヘム鉄
…貧血予防

Point　豚（牛）バラしゃぶしゃぶ用の肉は最適。脂身が多く、柔らかくて食べやすい

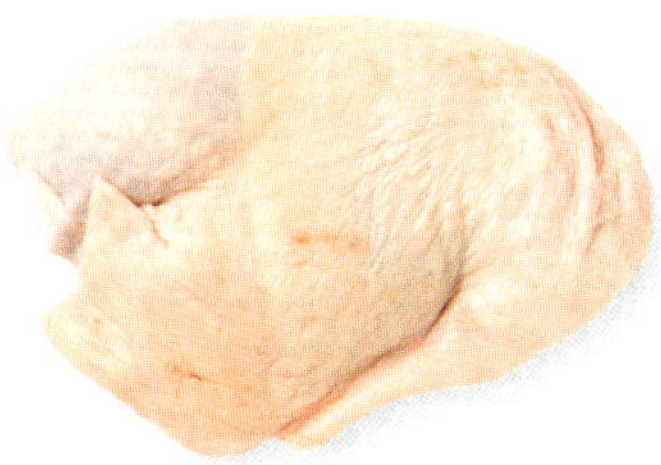

鶏もも肉（皮つき）

含まれる栄養素

ナイアシン
…粘膜や皮膚を健康に保つ

セレン
…老化防止、動脈硬化防止

Point　鶏もも肉やブロック肉などは、圧力鍋で出汁と共に、柔らかくなるまで煮る

Point 2

高齢犬食で意識すべき事 少量でも 高エネルギー

今まで避けてきた砂糖や、脂質などの高カロリー食材を上手に活用し、少量でもパワーが出る食事作りが基本です。

少量でも高エネルギー 高栄養な食事を食べる

高齢犬の食と栄養摂取の特徴は、少量でも高エネルギー、高栄養なことです。なぜでしょう？

まず、弱った高齢犬の食と臓器の関係説明を。口から食べられなくなったら臓器も各種機能もあっという間に衰弱するという現実があります。ですから、とにかく口から食べられる工夫をすることが重要になります。

しかし、食欲がぐっと落ちると、一日および一回の食事摂取量が少なくなる現実があります。そんなときに理想論を振りかざしても現実的ではなく、むしろ考え方を根本から変えて、「食べてくれることが次の日からも生きられる基本」。「命をつなぐために役立つものを食べさせる」ことが重要になります。

そんな理由から、獣医師からも「体にいい悪いじゃなく、食べてくれるものは何でも食べさせてください」というアドバイスになるのです。

また、かつて食べていたエネルギーと栄養バランスが完璧で理想的な食事も食べられなかったら意味がありません。

そんなわけで、少量でも高栄養な、脂身の多い牛・豚バラ肉（しゃぶしゃぶ用）や、鶏もも肉皮つきなどを使って、旨味もカロリー摂取量も増やし、砂糖を活用することをためらわないでいただきたいのです。

食事回数は犬の体調に合わせ、1時間おきに少量ずつ与えてみるなど、工夫してみてください。若い頃のように1度にたくさん食べることができないので、何回にも分けて食べさせます。

明日の命を繋ぐもの 口から食べられるもの

食事作りは、犬が食べてくれて、飼い主さんも継続しやすいものであることが重要です。たとえ周囲（介護経験のない飼い主さんや食事療法を正しく理解していない方）から「そんなもの食べさせて大丈夫なの？」と責められても、気にせずに「口から食べてくれるもの」「明日の命を繋いでくれるもの」を食べさせてください。

「カロリーメイト」コーンスープ味は手作り食に水分として加えて調理すると、栄養が薄まらず、犬も好んで食べてくれてお手軽です。詳しくはケア実例3のイサベラちゃんのお宅を参考になさってみてください（P.100）。

高齢犬におすすめの エネルギーアップ食材

脂身の多い肉で旨味もカロリーもアップ

脂身の多い肉はやわかく高栄養で食べやすい

砂糖を加えて旨味もカロリーもアップ

甘い味つけは高齢犬にも好まれる

『カロリーメイト』コーンスープを活用

1缶200mlで200kcal。（大塚製薬）

たんぱく質を始め各種栄養素が摂れるので、肉、野菜をお鍋で煮る際、水分として用いる。ただし、食物繊維はないので、お通じを正常に保つためにも野菜を加えること。ただし食物繊維を摂らせようとおからパウダーなどを入れると便が固くなりすぎるのでNG。必ず野菜で補給すること。（調理実例はP.100参照。）

Point 3

高齢犬食で意識すべき事

排便を助ける食物繊維

食物繊維は、食事に含まれる消化できない成分で、食便通をスムーズに保つのに必要不可欠です。

健康維持、特に便通を整えてくれる食物繊維

身体の機能を整えて体内毒素を排泄させるには、野菜が欠かせません。特に、野菜に含まれる食物繊維は、スムーズな排便に有益です。よく「野菜の食物繊維は消化できないから胃腸に負担がかかる」という情報がありますが、そもそも膵臓が分泌する消化酵素で消化できない食物成分が食物繊維ですから、負担などかかりませんし、市販のシニア用ドッグフードにも含まれています。不安はありません。

また、便の成分は①水分、②食べかす（食物繊維含む）、③腸粘膜から剥がれた細胞、④腸内細菌、などです。特に、食物繊維は腸内細菌の餌にもなるので、トータルとして、便の硬さや量、腸内細菌の状態を調節するのに欠かせません。

野菜の甘味は犬の食欲増進に有益なので、かぼちゃやにんじんなどを選ぶとよいでしょう。

ただし、飲み込むのが難しくなってきたら、芋類・穀類などのでんぷん質はベタついて喉にはり付きやすいので、誤嚥《ごえん》（P.117参照）が気になる時期になったら避けた方が無難です。

注意してほしいのは、手軽に食物繊維が補えるおからパウダーや食物繊維パウダーの使用。食材に比べて量の加減が難しく、便秘の原因になりがちです。便が固くなりすぎると、筋力が低下している高齢犬は自分で出すことができませんし、介助をするのも困難です。従って野菜を用いたお通じサポートがおすすめです。排便が滞ると食欲も出ないので、食物繊維の摂取は重要です。

高齢犬におすすめの　食物繊維 補給食材

甘みが多い野菜を選ぶ

かぼちゃ

含まれる栄養素

β－カロテン
…粘膜や呼吸器系統を守ります

ビタミンC
…抗酸化ビタミンが老化を防ぎます

にんじん

含まれる栄養素

β－カロテン
…皮膚や粘膜を健やかに保ちます

クマリン
…血液・リンパ液の流れを良くします

キャベツ

含まれる栄養素

ビタミンC
…疲労回復やストレス対策に！

ビタミンU
…胃腸を健やかに保ちます

NG食材

芋類、米類などでんぷん質は付着性があって喉にはりつくので高齢犬にはNG。人間の高齢者もこのルールが採用されています。

高齢犬食で意識すべき事

Point 4

脱水を防ぐ 水分補給

脱水対策には手作り食や、こまめな水分摂取、ゼリー飲料などを用いるのがおすすめです。

水分摂取が難しくなったら上手にサポート

高齢犬は、若いときに比べて身体に蓄積されている水分量が少なくなりがちで、脱水にならない様、十分な水分摂取を心掛けることが重要です。

しかしながら、サラサラした液体は喉《のど》の機能が衰えてきた高齢犬には飲み込みづらく、誤嚥《ごえん》（P.117）の原因になります。上手に飲めないと、自然と飲水量も減ってきます。人間の介護現場では味を変えずに液体にトロミをつけて飲み込みやすくする『トローミファイバー』（宮源）や『トロミパワースマイル』（ヘルシーフード）などのトロミ調整食品が活用されています。これらを適量、水やポカリスエット、スープなどに混ぜてもいいでしょう。

ケア実例1 のロンくん（P.56）は、「脱水が心配で経口補水液OS1を準備していたけれど、OS1はおいしいわけではないので、飲むのはポカリスエットのみでした。似たもので安いものは飲みませんでした。オシッコの色が濃い黄色のときは脱水と判断して、ペットスエットゼリー（ペット用ポカリスエット）を口に入れて水分補給させました。」とお話されていました。

現在ドライフードを活用されている方は、手作りごはんに変えるだけで水分摂取量が増しますので、ぜひお試しください。

ケア実例4 のラッキーくんとベルちゃん（P.104）は、食が細くなってからはドライフードを食べなくなり、手作りごはんにしてみたら再び食べ始めてくれたそうです。

高齢犬におすすめの　水分 補給方法

高齢になると摂水量が減って脱水症状に陥りがち。
だしが効いた手作りごはんは
栄養補給も水分補給もできて一石二鳥！

手作りごはん

肉や野菜そのものにも水分や栄養素はタップリと含まれています。高齢犬で食事介助が必要な場合、「食べてくれることが次の日からも生きられる基本」なので、何でもいいから食べてくれるものが必要です。お肉をたっぷりと入れ、風味豊かにすると食欲もわいてきます。

だし類

食べる飲むのきっかけ作りの一つに風味があります。水道水など単なる水では味気なくて飲みたくないというコも、肉や魚などの食材を煮だしたスープや、市販のだしの素なら飲んでくれるということがあります。脱水を防ぐためにも、愛犬の好みに合わせた工夫をします。

ポカリスエット

100ml あたり 27kcal。（大塚製薬）

スポーツドリンクは、脱水と同時に電解質補給も出来るので、便利な製品です。特に元気なうちは糖分が多いと敬遠されがちなポカリスエットは、高齢犬には命を繋ぐ水分としてとても人気で、「ポカリスエットの類似商品を試したが、類似商品は飲まず、ポカリスエットしか飲まなかった」という声が多かったです。

心がけたい工夫と配慮

食べる前の準備

食事姿勢の確保、食前マッサージ、舌・口腔の準備運動などで安全に食べられる状態作りを。

食事には心と身体の準備運動が必要です

実は食事を食べるのにも、心、身体、口腔の準備が必要です。元気なときは美味しそうなものをみたら自然と唾液《だえき》が分泌され、食べ物を口に入れたら飲み込みやすいように咀嚼《そしゃく》し、唾液と混ぜ合わせて口の中でもう一度丸めて食塊《しょっかい》を形成し、ゴックンしています。しかし、高齢になって機能が低下すると、唾液も分泌されにくくなり、口に食べ物を入れても舌や喉が思うように動かず、食べられない、飲み込めない状態になります。つまり、食べる・飲み込むには無意識に多くの器官や組織の協調運動が行われていたということです。今後心がけていただきたいのは、以下の通りです。

●安全に食べるための工夫

①美味しい食事で食べたくなる気持ち作り。
②食事ができる姿勢作り（食べたくても、後ろ脚が弱ると食事姿勢が自分で取れないため、食べられなくなります）。
③身体の緊張をほぐすマッサージ（P.45参照）。
④舌・口腔内の準備運動。
⑤食べやすい形態の食事作り。
⑥飲み込みやすい分量ずつ、犬のペースに合わせて与える。

②のポイントは、人間が椅子に座ったような姿勢で、胃を圧迫しない状態を作ること（P.97、100参照）。④に用いるのは、クリーム状（またはペースト状）の好物がおすすめです。

ケア実例3 のイサベラちゃん宅では、猫用の『チャオちゅーる』（いなば）や、マヨネーズ、ロールケーキの生クリーム部分などで行っていました（左頁）。

安全に食べてもらうための準備

食べさせる前の準備運動

筋肉が硬直した顔面、頸部、肩まわりのマッサージ

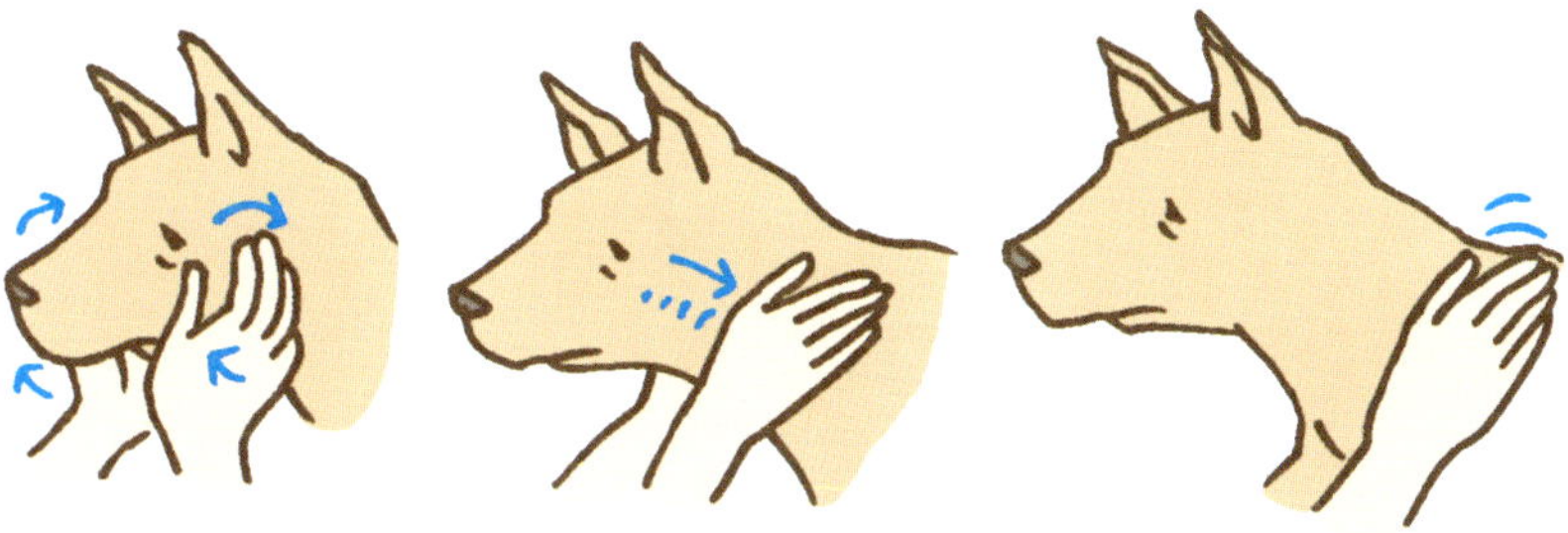

1
頬をまわす
両頬を手のひらで円を描くようにやさしくもみほぐす。

2
頸部を撫でる
硬くなった頸部の筋肉をやさしく撫でてほぐし、ゴックンしやすくする。

3
肩を撫でる
肩甲骨や肩まわりの筋肉を手のひらで撫でてほぐす。

舌・口腔内の準備運動

❶マヨネーズをほんの少量指先にとる。

❷犬の舌の真ん中にわずかに点づけする。

❸自分でペロペロと舌を動かすので、 食べる前の準備運動ができる。

※同様にいなばの『チャオちゅーる』やロールケーキの生クリームなどでも行うことができる。犬が好まないもので行うと食欲がわかないので注意。

心がけたい工夫と配慮
リスク管理

毎日の口腔ケアでリスクを予防。万が一に備えて誤嚥《ごえん》（P.117参照）・窒息対策をしておくことは大切です。

万が一のときに後悔しないように準備する

高齢犬介護の大きなリスクには①誤嚥《ごえん》、②誤嚥性肺炎《ごえんせいはいえん》、③窒息があります。必ず誤嚥するわけではありませんが、どんなに配慮をしても、誤嚥を100％防ぐ方法はありません。いつどうなっても不思議ではないので、知らなかった、やらなかったことで後悔しないよう、最悪の事態を想定して準備・行動をしておきたいものです。特に、口腔ケアは必須ですので「ソフトに」を心掛けて習慣化して下さい。

【誤嚥・窒息への対応】

●誤嚥をしてしまったら

むせたときは、顎《あご》を上げずに、少し前屈みの姿勢を取らせて、できるだけ咳で吐き出させてください。落ち着いたら早めに動物病院に連れて行きます。

●窒息をしてしまったら

食事中に息が荒くなったら窒息を疑うこと。身体を前かがみにさせて背中中央より少し上あたりをトントンと叩き、詰まったものを吐き出させる。指でかき出す、吸引器を使うなども。対処後かかりつけの動物病院へ。

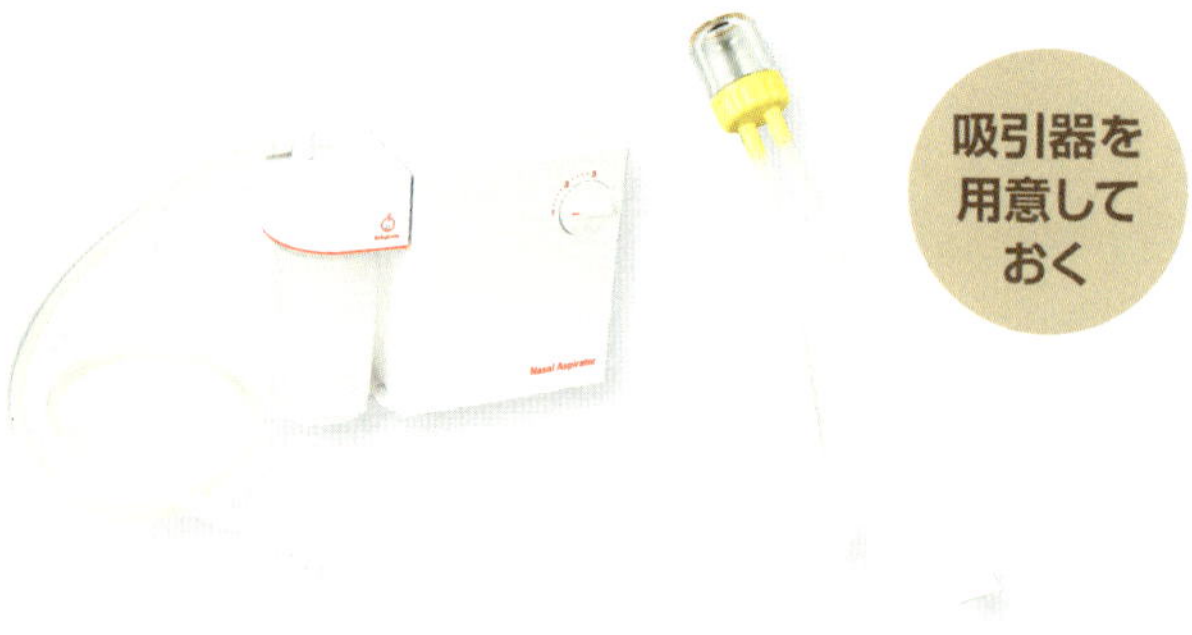

万が一誤嚥したときのために、吸引器を用意しておくことも大切。電動の吸引器（左）と口で吸うタイプ（右）がある。口内ケアの際に微生物の多い唾液を飲み込まないように吸引器と繋げる歯ブラシを利用するのもおすすめ。

介助が必要な犬の口腔ケア

口腔ケアは必須事項

口の中に食べかすが残っていたりすると、それを餌にして口腔内の微生物が大増殖します。その様な不衛生な唾液を誤嚥《ごえん》することで誤嚥性肺炎《ごえんせいはいえん》を引き起こす危険性が高まりますし、歯周病があれば歯根部から血液、リンパ液を介して全身に微生物が広がり、別の問題が出てきます。また、舌を動かす機会が減ると舌表面に古い細胞が新陳代謝されずに残り、そこで微生物が増殖し、舌苔《ぜったい》と呼ばれる白いコケのようなものがたまります。舌苔は、口臭の原因になるだけでなく、飲み込みや食物残留にも悪影響を与えます。これらを防ぐためにも、口腔ケアは「毎日やる」必須事項です。歯茎の粘膜が乾燥している場合は、一度口を濡らしてからケアしてください。

口腔ケアウエッティーの使い方

ウェットティッシュは拡げた状態で指先に巻き付け、上下の頬の内側、上顎《あご》、舌の上下、歯などの汚れを奥から手前に向かって拭き取ります。歯間は毛先のやわらかい歯ブラシで優しくこすります。

痰や口腔内に残留した食塊の吸引

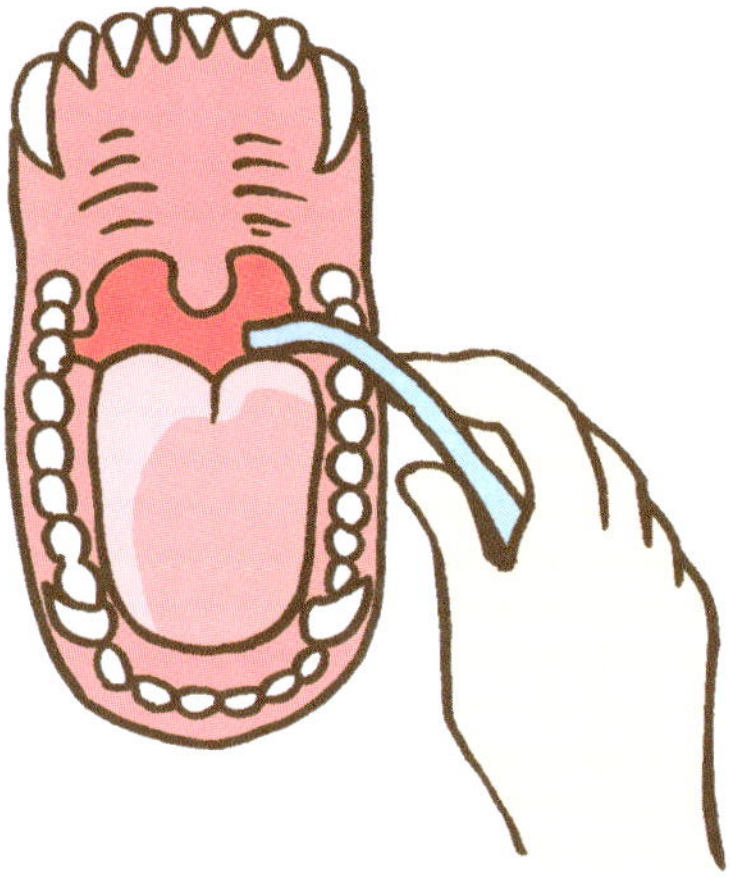

人間の介護現場では、喉に残留した痰や食事の残留物を電動の吸引器で吸引しています。ただしこれは常時行うのではなく、呼吸が苦しそうなど吸引が必要なときに行うものです。

心がけたい工夫と配慮

高齢犬ごはんに必要な配慮

食べづらい食感と、それを克服するポイントを理解し、必要に応じて飲み込む工夫を加えます。

食べづらい食感への注意と工夫

食べづらい食感のポイントは4つあり、①付着性、②かたさ、③凝集性、④離水生です（詳細は左頁参照）。それを克服するポイントは3つあり、①柔らかくする、②口や喉に張り付きにくくする、③口の中でまとまりやすくするなどです。

食べやすくする調理法は①煮る②蒸す③つぶす④する・ミキサーにかけるなどがあります。必要に応じて、トロミ剤（P.51参照）などを用いてください。

一般的に食べやすい形態

食べやすくするための調理法

圧力鍋を使って、食材を指でつぶせるほど軟らかく煮る。

ミキサーにかけたり、適量のトロミ剤を用いて形態を安全にする。

市販のもので食べやすいもの

なめらかでやわらかなプリンやムース状のもの。

牛バラ、豚バラしゃぶしゃぶ用肉などをだしで煮て、一口大に切って食べさせる。

食べづらい食感への注意と工夫

食感・食べづらい理由	工夫・注意
●付着性 ごはん、もち、芋類などのようにでんぷん質があるものは口の中にはりつきやすく、窒息の原因になる場合がある。ワカメ、葉もの野菜などの薄っぺらいものは誤嚥《ごえん》の原因になる場合がある。 	 でんぷん質があってベタベタしたものは口の中だけでなく、喉《のど》にも貼り付きやすいため、なるべく使用を避ける。
●かたさ 肉のかたまり、ガム、ジャーキーなど噛むのに力が必要なもの。ビスケットのように噛むと口の中でばらけやすいもの。	そしゃく力が落ちていると、細かく刻んでも口の中でバラバラになるだけで誤嚥《ごえん》する危険性が高くなる。噛まなくてもいいくらい柔らかく煮る。
●凝集性 固ゆで卵や焼いた鮭のように、口の中でまとまりにくいもの。ふかし芋のように水分の少ないもの。	咀嚼《そしゃく》するとばらけてしまうものは、誤嚥《ごえん》の原因になる。また、含まれる水分量が少ないときは、トロミをつけて飲み込みやすくする注意が必要。
●離水性 高野豆腐のように固形物とサラサラの水分に分離してしまうもの。スイカ、ミカンなどのように果汁の多い果物。	形態は柔らかくして食べやすそうでも、噛んだときに多く出てくるサラサラした液体を誤嚥《ごえん》してしまう可能性が高くなる。同様に果物にも注意を配る必要がある。

心がけたい工夫と配慮

高齢犬ごはんに必要な道具

道具の力を上手に活用して安全な食事づくりを。愛犬の状態に合わせて臨機応変な対応を。

状態に応じてピューレ食、ムース食を使い分け

安全な食事作りは、今まで使っていた調理道具にこだわらず、介護食作りに向いた道具を上手に活用することです。高齢犬ごはんは、簡単に指でつぶせるやわらかさまで食材を煮込むため、圧力鍋は必須です。安全な食形態作りにはミキサーも欠かせません。1回の食事量が減るので、大型ではなく小型ミキサーが便利。新鮮なごはんを好むので、まとめてミキサーにかけず、1食量ずつ用意します。

食事は「手伝えば自分で食べられる時期」→「口の中に人間が食事を入れてあげる時期」と変化します。その変化に応じて道具を見直すこともポイントです。前者の場合は、細かな粒が残ったピューレ状でOKですが、後者はなめらかなムース状が求められるので、肉の繊維なども容易にペーストにできる『バーミックス』のスーパーグラインダーを活用します。攪拌《かくはん》の際にトロミ剤を適量加えることでやわらかなムース状に仕上げ、誤嚥《ごえん》防止のごはんが完成します。

食材をやわらかくする 圧力鍋・シリコンスチーマー

圧力鍋

シリコンスキーマー

指で容易につぶせるほど肉や野菜をやわらかく煮込むのがポイント。それには圧力鍋が最適です。
数日分まとめて煮込み、食べるときには風味づけに新しく調理した肉と共に1食分ずつミキサーにかけます。少量だけつくりたい場合は、シリコンスチーマーも便利です。

嚥下段階別、道具の選び方

手伝えば自分で食べられる時期
軽度の嚥下食（ミキサー食）

必要な道具 小型ミキサー
（マジックブレッドデラックス）

少量でも
ミキサーがまわる
小型が便利

形　状 ピューレ食

- そしゃくしなくても口の中で食塊《しょっかい》になるもの
- やわらかい粒状のものが混在していても良い
- 付着性・凝集性・かたさ・離水性に配慮したピューレ

口の中に食事を入れてあげる時期
重度の嚥下食（やわらかムース食）

必要な道具 ハンドミキサー
（バーミックス）
トロミ剤（ミキサーゲル）

「スーパーグラインダー」があれば水を少量しか加えなくても均一なムース、ペーストができ、少量でも高栄養な食事が作れる

形　状 やわらかく
なめらかなムース食

- スプーンですくってそのまま食塊状にできる
- 付着性・凝集性・かたさに配慮したムース
- 均一で離水しないもの
- 少量すくって、そのまま丸のみ可能
- 口の中に残っても管で吸引することができる

（吸引器 P.46 参照）

心がけたい工夫と配慮

食べさせ方の工夫

姿勢や調理に気をつけ、一回で飲み込める分量ずつ、安全に食べられる配慮をしながら給餌を行う。

食べ物が気管に入らない（誤嚥しない）ための姿勢作り

飲み込む力が弱ってくると、飲み込んだ食べ物が食道ではなく気管に入る「誤嚥《ごえん》」になることがあります。顎《あご》が上がった状態だと誤嚥する危険性が高くなるのと、飲み込む力が入りにくくなります。リスクを避けるため、飲み込みやすくするためにも、食道から胃が真っ直ぐになるよう座らせて、胃を圧迫しない姿勢がおすすめです。ソファーや大きなクッション等を活用します（P.97、100参照）。

口に食べ物を入れる場合は均一なペーストに

ある食材は硬く、ある食材は柔らかくなど、口に入れた食べ物の硬さに違いがあると、口の中でばらけてしまい、硬い食材、粉の残留、サラサラの液体、ベタベタした食材などが誤嚥の原因になることがあります。なるべく硬さが均一なピューレ（ムース）状になる様、小型ミキサーやスーパーグラインダー（P.51参照）などを活用して、安全な食形態（P.51参照）を意識してあげてください。

食事が苦痛にならない配慮とテクニック

ついつい忙しい飼い主さんは早く食べさせようと焦ったり急かしたりしがちですが、それは愛犬には出来ないことを強いられることになり、ストレスになります。食事時間が辛くならないよう、やさしく撫でたり、ほめながらサポートをしてあげてください。二口くらい食べたらリラックスタイムをもうけるなど、愛犬のペースに合わせて時間を過ごしてください。慌てずに食事回数を増やしましょう。

小型犬への給餌方法

1 均一なペースト状のごはんを用意

粒が残留している、さらさらの液状、粘性がある、離水するなどは誤嚥《ごえん》の原因になります。P.51のやわらかムース食を参考に食事の用意を。

2 先を少し切った油差しにごはんを入れる

小型犬は口が小さいので、ホームセンターなどで売られている油差しの先端を切って使用するのがおすすめです。適度な1回量の調節がしやすく、スポイトより安心。

3 1回で飲み込める少量ずつ給餌

油さし

犬歯の後ろあたりくらいから、油差しの口を挿して給餌。しぼり出す分量は、1回で無理なく飲み込める量。1度に大量に食べさせようと思わず、1時間毎に2～3口ずつ食べさせるなど工夫する。

指で

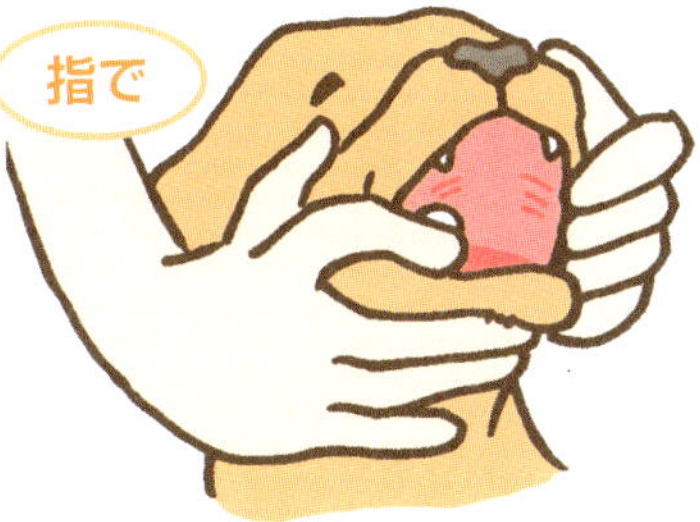

道具を嫌がる子は、1回で飲み込める量を指にのせ、口の端に塗って食べさせる。1食に大量に食べさせようと思わず、1食に2～3回、1時間毎に食事時間を設けるなど、愛犬のペースに合わせる。

高齢犬ごはん作りのコツ

新鮮な手作りごはんを好むため、
肉類は１食分ずつ冷凍保存

（豚バラしゃぶしゃぶ用肉）

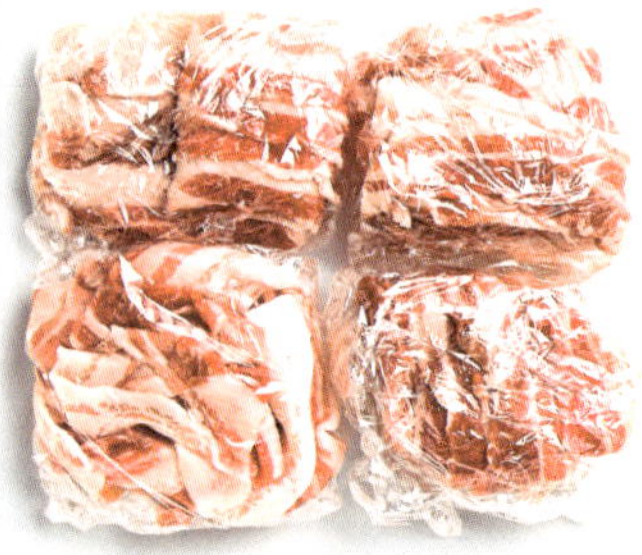

（鶏もも肉皮つき）

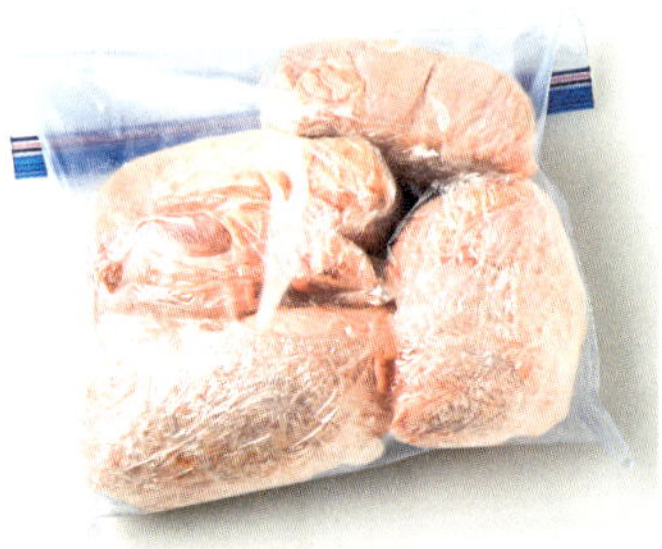

※ 調味例は
ササミ

食べさせるときに、だしで煮るなどその都度調理すること。風味が良いと食いつきが全く違います。

ベースのごはんは圧力鍋で肉・野菜を煮込んだ作り置きで OK。与えるときは、上記のように肉を新たに調理し、ベースのご飯と共にミキサーにかけます。おやつで与えるお肉は、上記のような作り立てを。牛・豚バラしゃぶしゃぶ用の肉が手軽で便利。鶏もも肉皮つきは圧力鍋でやわらか調理を。

Part 3

愛犬ケア実例集

食べる・歩く・排泄困難・室内環境の整備等

ケア実例
1

長年の介護職経験を活かして

愛犬 ラブラドルレトリバー／ロンくん推定14歳

※保護犬なので推定年齢です

飼い主様ご職業
介護職・ケアマネージャー

犬の介護は毎日続けられる無理の無い選択を！

ロンくんのお母さんはベテランのケアマネージャーで、人間の介護の技を犬にも活かしていらっしゃいました。元気だったロンくんも、後ろ脚に力が入らない↓ヨロヨロ歩くようになる↓行き倒れるようになる↓歩けなくなる↓立てなくなる↓寝たきりという流れで介護生活になりました。大好きだったプールで後ろ脚の力が無くなって溺れたり、けいれん発作が起こる様になったり、排泄場所にたどり着く前にウンチをしてしまったり、オシッコがもれてしまったりするようになって、マナーベルト↓人間用尿取りパッド↓オムツと排泄処理法も変化していきました。立てなくなってからは昼夜逆転したり、どんどん痩せてきたり、床ずれができたりといろいろ大変でしたが、飼い主さんの「元気だった頃のように寝たきりになっても笑顔を見せて欲しい」というお気持ちがロンくんの晩年の対処に反映されています。「介護は始まるといつまで続くのかわかりませんので、今の自分に出来る事を無理なく続けることが大切だと思います。」というお言葉が印象に残りました。

千葉『ドギーズアイランド』の足がつくプールにて

ロンくんに学ぶべき点

Dr. 須﨑オススメ POINT

① 身体に良い悪いではなく食べられるもの

② 床ずれケアは『湿潤療法』で

③ 一緒にお出かけして最期までみんなと同じ

元気だった頃と同じ様に遊び、食べられるものならなんでも使う！

ご家族の愛情に見守られ、床ずれができないようにこまめに寝返りを打たせてもらっていたロンくんでしたが、ご家族の緊急入院により、1日寝返りを打たせてあげられない日がありました。するとたちまち重度の床ずれが発症し（P.67 参照）その日から床ずれケアをすることになりました。

床ずれは「数時間寝返りを打てないだけ」でなります。ならない様に寝返りを打たせることも大切ですが、なった後に『湿潤療法』（P.30 参照）で傷がふさがることを知っておくことも重要です。ロンくんのお母さんは、ご自身が働いていた介護施設で行っていた高齢者の褥瘡《じょくそう》処置で対応しました。

愛犬の要介護状態に飼い主さんが深刻になったり、落ち込んだりすることなく、今までと同じ様に、もちろん配慮しながら、大好きな場所にお出かけして、同居犬たちと同様にオヤツを食べ、みんなで楽しむことは、生きる活力につながりました。

思い悩まず、犬に出来ないことが増えても「ありゃりゃ（笑）」ぐらいにライトに捉えていただきたいものです。

後ろ脚に力が入らなくなる時期

気力はあるが後ろ脚の力が追いつかなくなる

11歳の12月頃、車の中でウンチを漏らすようになりました。

翌年5月頃、旅行先のドッグランで初めて痙攣《けいれん》発作を起こしましたが、この時は1分もたたないうちに意識がもどり、再び立ち上がって何事もなかったかのように歩き出しました。この頃から足腰が弱ってきて、立ち上がりに時間がかかったり、ドッグランで走ってもすぐに座り込むようになり、走っている姿をみても、腰が下がり、ほぼ前脚の力だけに頼っていました。

足腰が弱くなったので、6月頃からは足のつく浅いプールで遊ばせましたが、自ら深いプールに飛び込んでしまいました。気力はあるものの、後ろ脚の力が衰えていたため泳げずにプールに沈み、主人がすかさず救助しました。以降はライフジャケットを着用し、遊ばせました。

9月頃、30分ほど楽しく遊んでいましたが、ふと気がつくと意識を失い、身体はライフジャケットを着用しているため浮いていましたが、顔は水に浸っていました。すぐに引き上げたので水は飲んでおらず、意識もすぐに戻りました。大好きなプール遊びは気力維持のためにも続けてあげたいが、飼い主のペース配分が必要なことを学びました。

14歳の5月頃（←）、抱きかかえて手足だけプールに入れてあげると、嬉しそうに泳ぐような仕草をしました。

『Woof』にて。プールに足先を入れて楽しむ

行き倒れ＆排泄問題開始時期

筋力の低下と共に歩けない問題と排泄問題が勃発

13歳の1月頃から筋力低下に伴い尿漏れするようになり、マナーベルトと尿取りパッドを使い始める。3月頃にはオシッコのタイミングが4～5時間ペースだとわかる。自力で排泄できるときもあるが、次第に尿漏れの量が増え、ペットシーツでは間に合わないため、人間用の尿取りパッドを使う様に。自力で立てるときはオムツが立つ妨げになるので使わなかった。同年6～7月頃はまだヨロヨロと歩けたので、あちこちで行き倒れる。倒れた際に対処が必要なこともあるので、見守りカメラ3台を設置。筋力の無さと体力の無さは比例している印象で、筋力の無さを器具でカバーすると、その後の体力の消耗が心配で、本人が歩ける時は歩く、座り込んでしまったら、それ以上は歩かせない、というスタンスでのお散歩をすることにしました。その後、『アストロプロダクツ』のAP折り畳み式キャリーカートを購入し、その中にクッション性に優れた作業用マットをセット。カートに乗り始めた頃は、飛び降りようとするときもありましたが、自分でもラクだと理解してからは大人しく乗っていました。同居犬達もロンのカートを押しているときは、散歩の歩調をあわせてくれました。

長距離ドライブで神戸のお友達に会いに

自力で歩けなくなり、立つのにサポートがいる時期

脚を踏ん張れるように敷物を工夫した頃

13歳の8月中旬頃から歩けたり歩けなかったり、立てたり立てなかったりするようになる。ヨロヨロと徘徊して1人で庭に出て、行き倒れるなど危ないので、アルミフェンスで囲みを作り、中には『エアリーマットレス』を敷きました。

同年10月には『エアリーマットレス』では立てなくなり、子供部屋用のジョイント式防音マットをアルミフェンス内に敷き、その上に立ち仕事者用の足腰負担軽減用ラバーマットを敷く。すると立ってお水を飲みにも行けました。

フェンスは部屋の隅に設置し、ロンくんがもたれても壁や家具でささえられ、移動しないように工夫。12月は防寒に布団を敷いてあげたくてもふかふかすると立ち上がれないし、毛布をかけると絡まって危ないので、洋服を着せたり、エアコンをつけて体温調整を計る。ラバーマットは洗ってもオシッコやウンチの匂いが取れず、家中がスゴい匂いになったので、14歳の1月頃、ヨガマットに変える。立って水が飲めるし、汚れたら捨てられて良かった。

ロンくんについていてあげるために長年続けてきたケアマネージャーの仕事を、週1回に減らすことに決める。

同居犬のルイちゃんが、お気に入りボールをプレゼント。

寝たきり時期

犬の状態に合わせて食事を流動食に変更

踏んばりを補助すれば立てるという状態ではなくなったので、布団を『エアリーマットレス』に戻し、行き倒れ防止にケージに入れる。寂しがってピーピー鳴くのでケージを取り外すと、庭に背中歩きで出て行ってしまったり、パソコンコードに絡まってパソコンをなぎ倒しているときもあった。立てなくなった頃と同時に、昼夜逆転し、夜23時～深夜2、3時までの時間帯に目が生き生きと遊ぶ気まんまんになり、元気になる。みんなと遊びたくて呼びかけるときもあった。14歳の5月頃からはどんどん痩せていき、6月頃、体をさわって体温が高いときには、体に熱がこもっているサインなので、クールジェルマットを敷いて体温調節を計る。床ずれ予防と熱がこもるのを防止するため、エアリーマットレスの9㎝タイプにジェルマットを敷いた。その上にシーツを敷き、汚れたら即洗濯をして清潔を保った。6月頃は自力で食べられたが、10月頃には自力で首を支えられなくなり、寝姿勢を人間が補助し、高たんぱく質高カロリーな流動食を与えるようになる。8月に初めて床ずれができ、完治するまでに1ヶ月もかかった。11月には一日に3～4回出ていたウンチが1回しか出なくなる。

寝たきりになって初お泊まり。驚くほど元気が復活↗

足腰が弱くなってからの
室内環境整備

行き倒れ対策にカメラを3台設置

まだヨロヨロと歩ける時期は、いろんなところで行き倒れるため見守りカメラを付けた。当時は夏場だったので、庭に出て戻れなくなったら暑くて死んでしまうと思い、カメラ3台と外からエアコンのスイッチが入れられる室温管理も設置。カメラは死角がないように設置することが重要で、高いところは全貌が見えるけれど、呼吸や体調の変化など具体的な状態を把握するためには低い位置にも設置が必要だった。外出先からロンくんをカメラで確認し、救助の対処が必要なときは、対応ができる人に連絡して助けに行ってもらった。

たまに立てるけれど、力つきて行き倒れてしまう時期

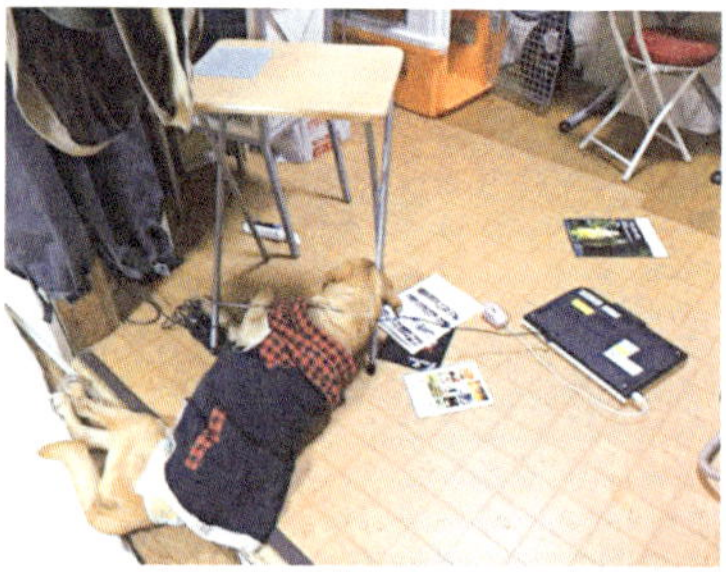

庭に背中歩きで出て行ってしまったり、パソコンコードに絡まってパソコンをなぎ倒したり。思いもよらないすき間に挟まったりとハプニングの連続でした。

敷くものは体調に合わせて見直しを

13歳の8月中旬に一時期立てなくなったが、下旬にはまたヨロヨロと徘徊して1人で庭に出て行き倒れていた。危ないので、アルミフェンスで囲みを作り、中には『エアリーマットトレス』を敷いた。一般的なマットトレスに比べてクッション性、体圧分散、通気性、耐久性に優れた素材で、適度な反発力がロンくんの立ち上がりをサポートしてくれた。汚れたら丸洗いも可能。10月頃には『エアリーマットトレス』では立てなくなったため、子供部屋用のジョイント式防音マットをアルミフェンス内に敷き、その上に立ち仕事の足腰負担軽減用のラバーマットを敷く。翌年1月頃、ヨガマットに変える。この頃を最後に自力では立てなくなる。

安全確保のための室内環境を整備

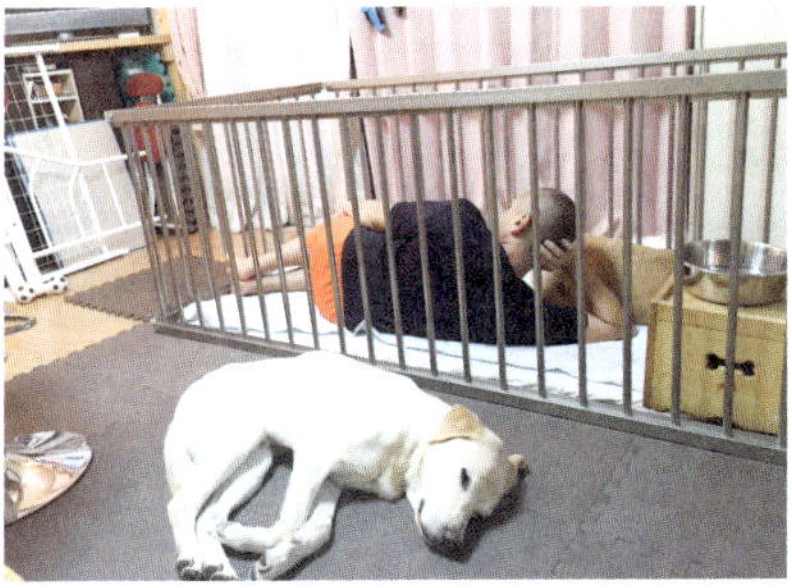

ロンくんが大好きなモノマネ番組を、お父さんとアルミフェンス内で仲良く試聴。

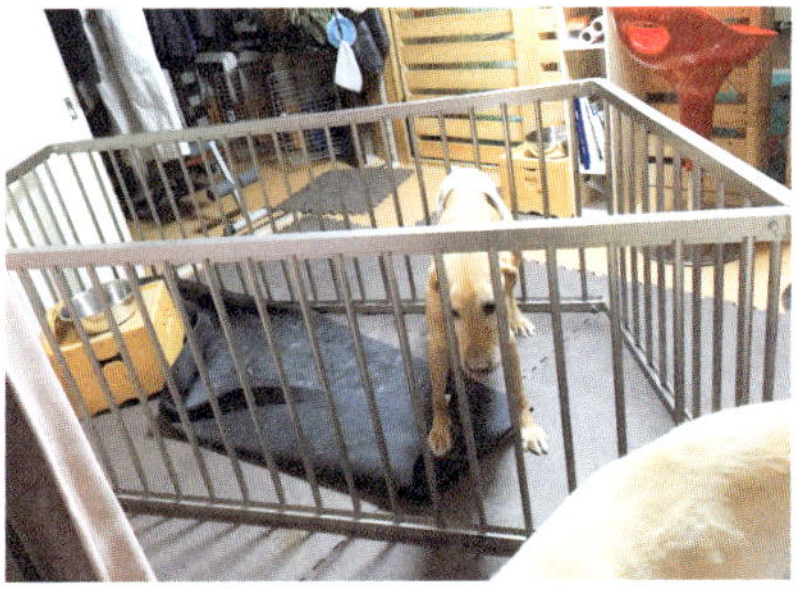

子供部屋用のジョイント式防音マットの上に足腰負担軽減用のラバーマットを敷いて生活。

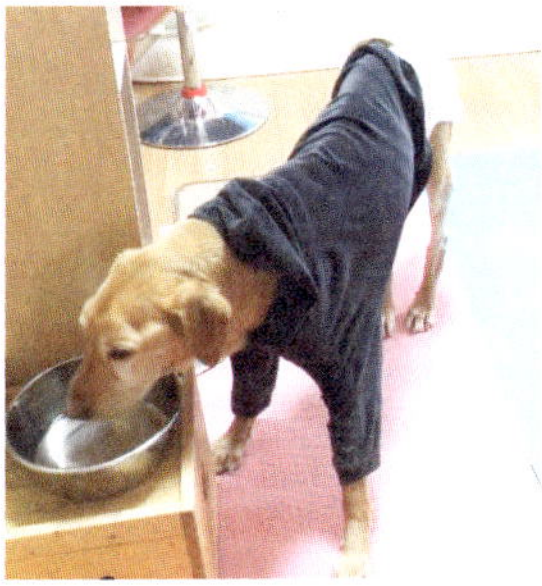

最後に自力で立ったのをサポートしてくれたのはヨガマットでした。

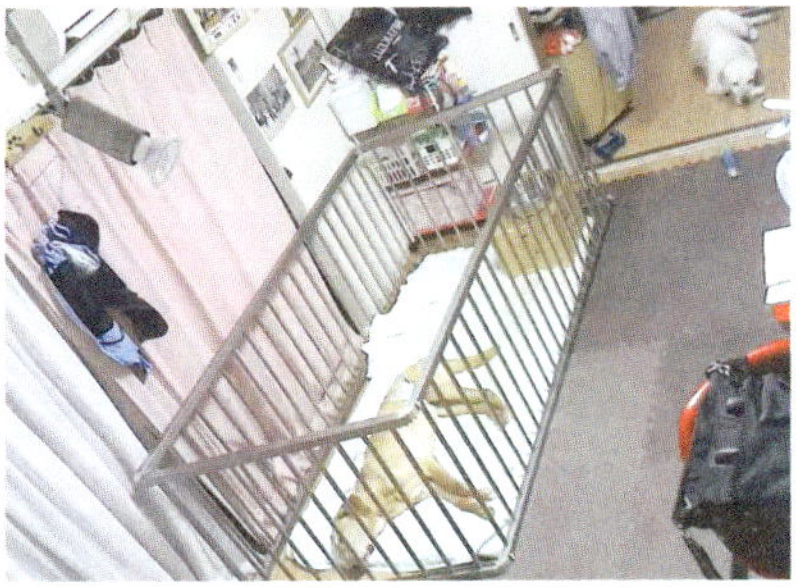

アルミフェンスは犬がもたれかかっても移動していかないように部屋の隅に配置。

笑顔・気力を失わせないために

お出かけの工夫

歩けなくなっても他の犬と同じに外出を

だんだんとできていたことができなくなっていくとき、犬も落ち込み、食欲がなくなります。逆に楽しいと食欲も出て食べてくれました。笑顔でいてもらうために、歩けなくなって以降は今までにも増してさらにお出かけするようにしました。同居犬と一緒に出かける、同じようにオヤツをあげるを心がけ、寝たきりになっても、生きていれば楽しいんだ、と思ってもらいたかった。あるとき笑わなくなったことに気づき、寝たきりでも自分は愛されている、と自信をもってもらえるように写真をいっぱい撮ったり、でかけてたくさんの人に話しかけてもらうことで再び笑顔が戻りました。

みんなと大好きな場所に行くことが、生きる活力につながる

自宅で外出を我慢するのではなく、大好きな場所にみんなで出かけることが生きる活力に。

同居犬と同じ様に出かけ、食べ、写真を撮り、他の人に話しかけてもらうことが自信に!

出来る範囲で元気だった頃と同じ生活を

飼い主さんが遠慮したりストレスがたまってきたりすると、犬や猫達は敏感に感じ取ると思います。「大好きな飼い主さんが、悩んでる…、苦しんでいる…と感じたら、その子達はそれ以上生き続ける選択をしないのではないかと感じました。介護は昨日まで出来ていたことが今日はできなくなることの連続です。それを深刻に受け止めるのではなく、犬と一緒に笑って過ごすと決めると、犬も気を遣わずに済むと感じました。また、ロンは主人のことが大好きだったので、主人に世話をしてもらうととても喜ぶことがありました。とにかく、配慮はしても特別視するのではなく、家族みんなで今まで通り過ごそう！　という心構えが大切だと感じました。」

大好きなお父さんと一緒に、大好きなプールに入ることは、生きる活力につながりました。

カメラを向けられたら、片手を上げてロンくん得意のポージング。

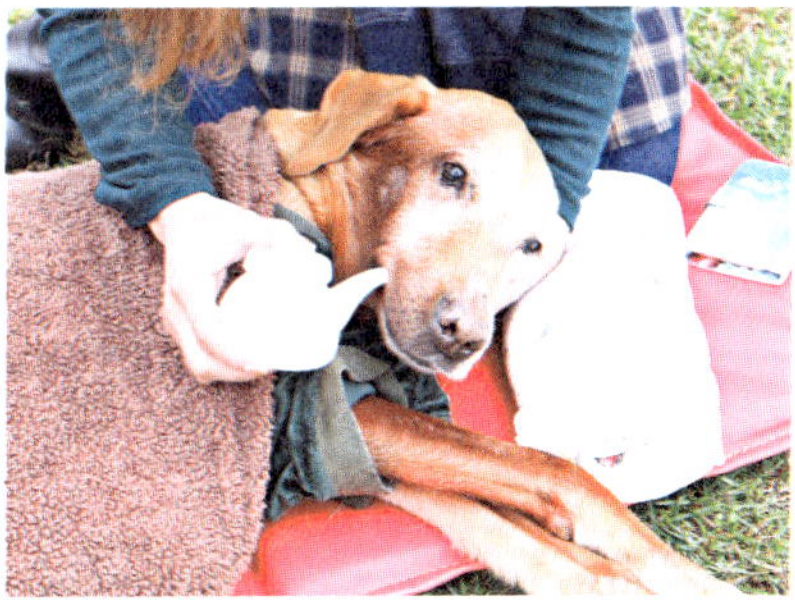

脱水状態にならない様、小まめに水分補給することを意識しました。

こまめな寝返りが必要

床ずれ予防と治療法

2～3時間に一度は体位を変えていた

完全に自力で体を起こすことができなくなってからは、昼間は2～3時間に1度くらい寝返りをさせました。自分の好きな向きがあって、反対向きにすると、身体が痛いのかとても嫌がっていました。

反対向きにするときは、クッションで体の補助をすることで、落ちついてくれました。

痩せて骨が出ていたので、300円ショップで買ったドーナツ枕を床ずれ防止に使っていました。

床ずれ防止寝返りのうたせかた

1

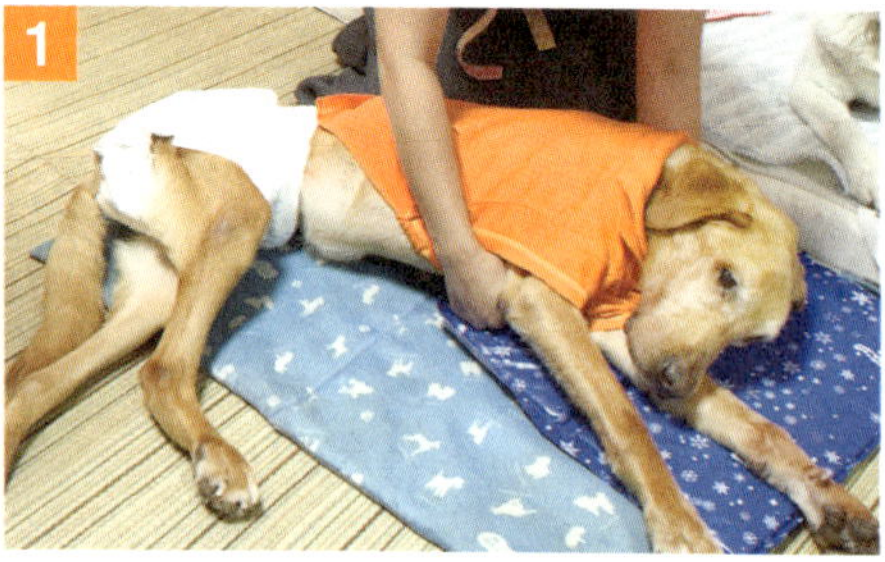

今まで下にしていた方に手を入れ「さぁ、身体起こすよ」と声を掛けながらまずは四つん這い状態へ。

2

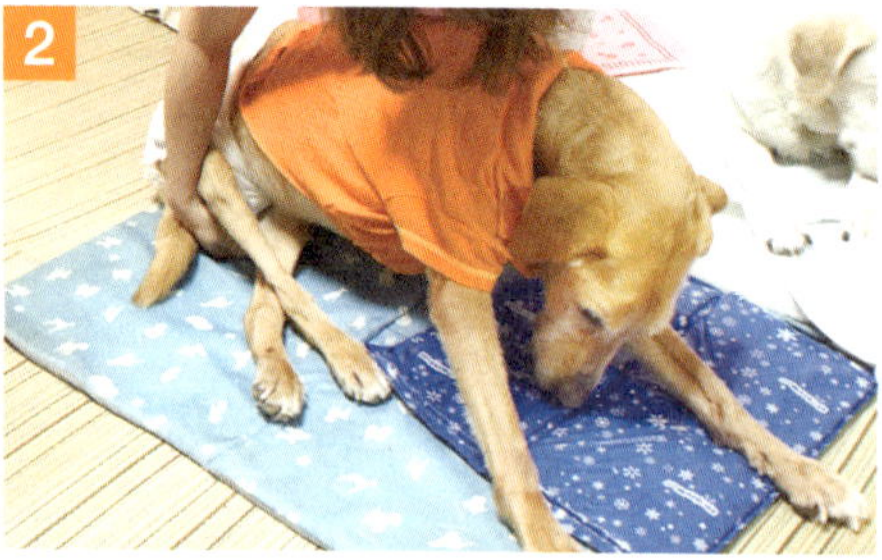

四つん這いになったら、これから下になる後ろ脚を手で固定して傾けると、てこの原理で力が不要。

3

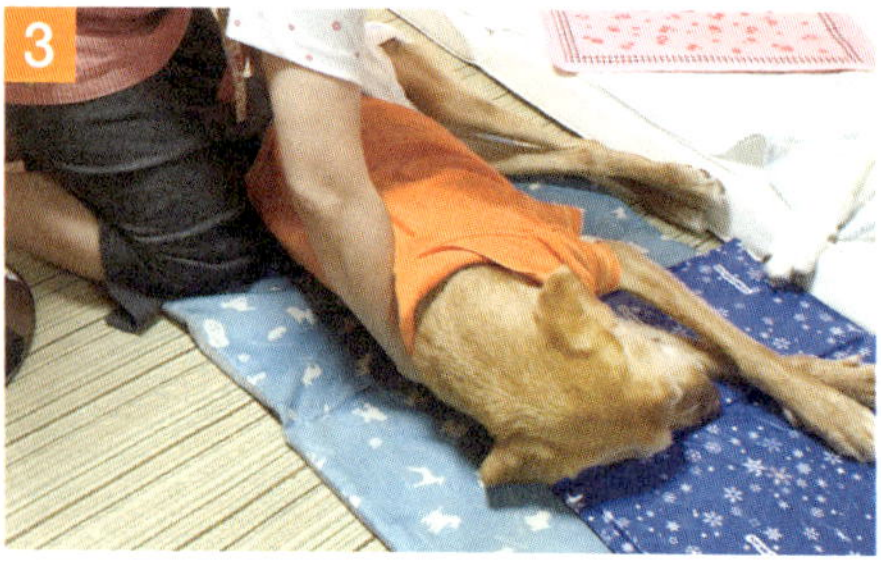

反対側に勢いよく倒れないように、肩のところに手を添えて、そっと寝返りをうたせる。

寝ていても、自分で伏せの姿勢ができていたときは、さほど寝返りはうたせなかった。場所を移動させたり、抱きかかえることで、血流が滞ることはなかった。

流水でよく洗い→ワセリン＋自家製床ずれパッドで保護

家族の緊急入院で、1日寝返りを打たせられなかったある日、重度の床ずれが発症してしまいました。治療は、オシッコシートやタオルを体の下に敷いて、ペットボトルの流水で患部を洗浄。もし皮膚がポケット状になっていたら、ポケットの中まで流水で洗浄します。洗い終わったら軽く水気をふき取り、患部に白色ワセリンをり、→適度な大きさに切った台所用穴あき水切り袋に、生理用ナプキンを入れ、→患部にあて、→テープで留めます。

サージカルテープはくっつきにくくはがれやすいので、紙ガムテープが良かったです。生理用ナプキンは浸出液を適度に吸収し、保湿も適度にしてくれて最適でした。

床ずれができてしまったときの治療

POINT

水流が1カ所に集まるよう、中心に3カ所くらい間隔をつめて穴をあけるのがコツ。お線香で焼くと穴をあけやすい。

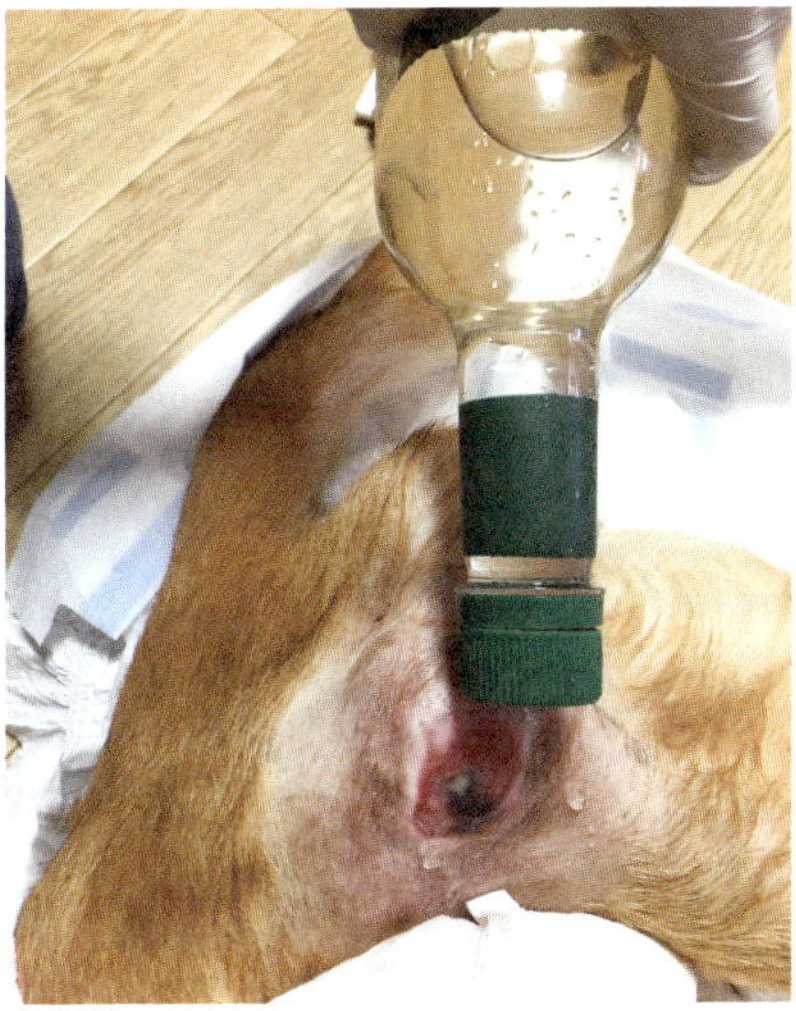

❶患部周囲の毛をバリカンで刈る。
❷オシッコシートを敷く。
❸患部に水をかけて壊死した皮膚やばい菌などを洗い流す。軽く水気をふき取る。
❹患部に白色ワセリンを塗り、台所用穴あき水切袋で保護し、浸出液が多い場合は生理用ナプキンを穴あき水切袋に入れ、紙ガムテープで端を固定した。

少量で高栄養を心がけた

介護食のレシピ

少量で高カロリーの手作り介護食

立てなくなるとどんどん痩せ始めます。担当獣医師からは「体にいい悪いじゃなく、食べられるものは何でも食べさせて」と指導され、ロンくんが食べたいものを選び、少量しか食べられなくても高カロリーの介護食を手作りしました。

少量で高カロリーの介護食を手作り

鶏肉と豆乳のおじや

※黒砂糖を加えると、エネルギーも上がる上、食いつきがよくなる。

※水分量が増えると分量が増えて食べられない。できるかぎり、少量で高栄養に作りたい。

【材料】300mlのボトル2本分

鶏胸肉(皮なし)……100～130g
豆乳……200cc
ごはん……100g
卵……1個
森永エナジー500……1袋(20g)
自家製ヨーグルト……大さじ2杯
自家製甘酒……大さじ2
黒砂糖……大さじ1

【作り方】

1

鍋に適当な大きさに切った鶏肉・豆乳を入れ、弱火でじっくり煮る。

2

1にごはん、卵を加えて火を止める。ふたをして10分ほど置く。

3

2の粗熱がとれたら、1/2量をミキサーにかけ、ヨーグルト、甘酒、黒糖、エナジー500を加える。

4

ミキサーが回るギリギリ量の水を少量加え、ミキサーにかける。

5

ドレッシングボトルに入れて食べさせる。

味つけや食材の吟味で食べてくれる工夫をする

200ccを1日に4回食べさせるのが目標でしたが、実際1日に食べられた量はそれ以下でした。あまりにも痩せてしまっていたので、高たんぱく高カロリー食を食べさせるよう獣医師より指導され、『エナジー500』(mori-nyu)パウダータイプ20gを1食1袋を1日2回、ハイカロリー(介護用)缶詰をあげたりしました。食べる量が減るにつれ、流動食に移行。市販の高たんぱく質で高カロリーな食品は高額なので、鶏肉を豆乳で煮てストックする工夫をし、食欲が全く無くなったときは、馬肉ローストが食欲回復のきっかけになりました。完全な寝たきりになってからの流動食は、黒砂糖で甘く味付けをすると食べてくれました。

食欲がないときを支えてくれた 馬肉ロースト

【材料】
馬肉パーフェクト

【作り方】

1.
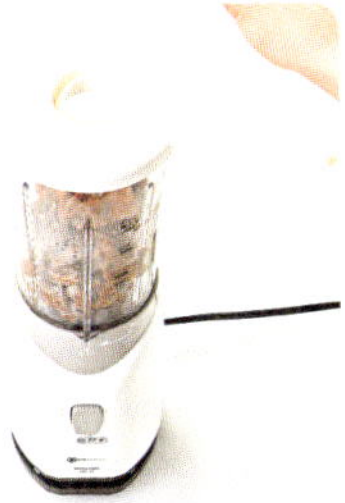
馬肉100gにお湯を少量ずつ加えながらミキサーにかける。
※水はできるだけ少量にした方が味が薄まらず喜んだ。

2.

ペースト状になったらドレッシングボトルに詰めて食べさせた(1/4」食分)。

食べさせ方

ドレッシングボトルにミキサー食を入れ、寝たままの姿勢で少し頭を高くし食べさせた。

Dr. 須﨑アドバイス P.51『スーパーグラインダー』を用いて作ると加水量が少なく調理ができます。

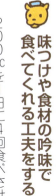

きちんと食べて、きちんと出す

食事、排泄介助

流動食はドレッシングボトルで

14歳の6月頃は上半身を抱えてあげたら自分で頑張って食べていましたが、ごはんが飛び散るため、人間の介護用エプロンを活用しました。脱水が心配で、ポカリスエットを常に持ち歩きましたが、似たもので安いものは飲みませんでした。同年10月になると、首を自分で支えられなくなってきたので、寝たままの姿勢で頭を少し高くして、100均のドレッシングボトルにミキサーで作った流動食を入れて食べさせました。

自分で食べる時期

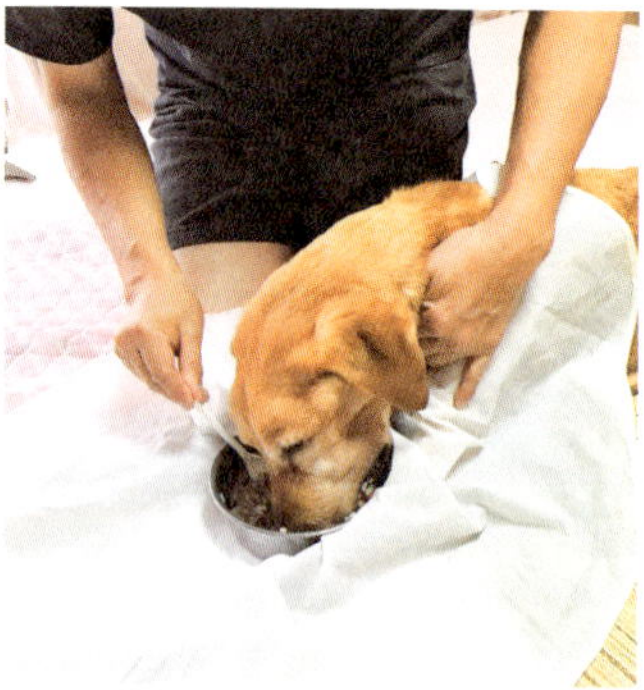

ごはん飛び散り防止のため、介護用エプロンを着けて食べていました。

同居犬達と同じ様に水分補給をしていても高齢だと脱水になることがある。

口に流し込んであげる時期

流動食持参でお台場へ。お出かけすると楽しい気分になり食欲も出てきます。

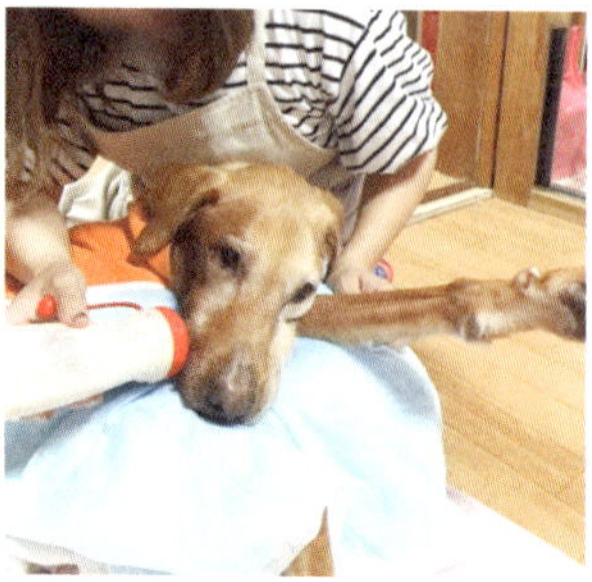

同じ人が食事担当だと頑なに食べない時期があるが、人が変われば気分が変って食べてくれる。

排泄介助と床ずれケア

紙ガムテープで固定したリハビリパンツは脱げるし、足の間からウンチがもれた。歩けているうちはマナーベルトとオシッコシートを活用。完全に歩けなくなったら人間用の尿取りパッドを紙ガムテープで固定し、足のばたつきが無くなったら人間用のテープ式紙オムツ（成人用SS）を使用。一枚あたりの値段が安くて経済的でした。床ずれケアは、私の働いていた介護施設で行っていた高齢者の褥瘡《じょくそう》処置（湿潤療法）で対応しました。まずは床ずれ周辺の毛をバリカンで刈り、↓オシッコシートを敷く↓水で患部を洗う（P.67参照）↓水気を拭き取る↓白色ワセリンを塗る↓台所用穴あき水切り袋に生理用ナプキンを入れて患部にあて、↓紙ガムテープで留めます。

床ずれケア

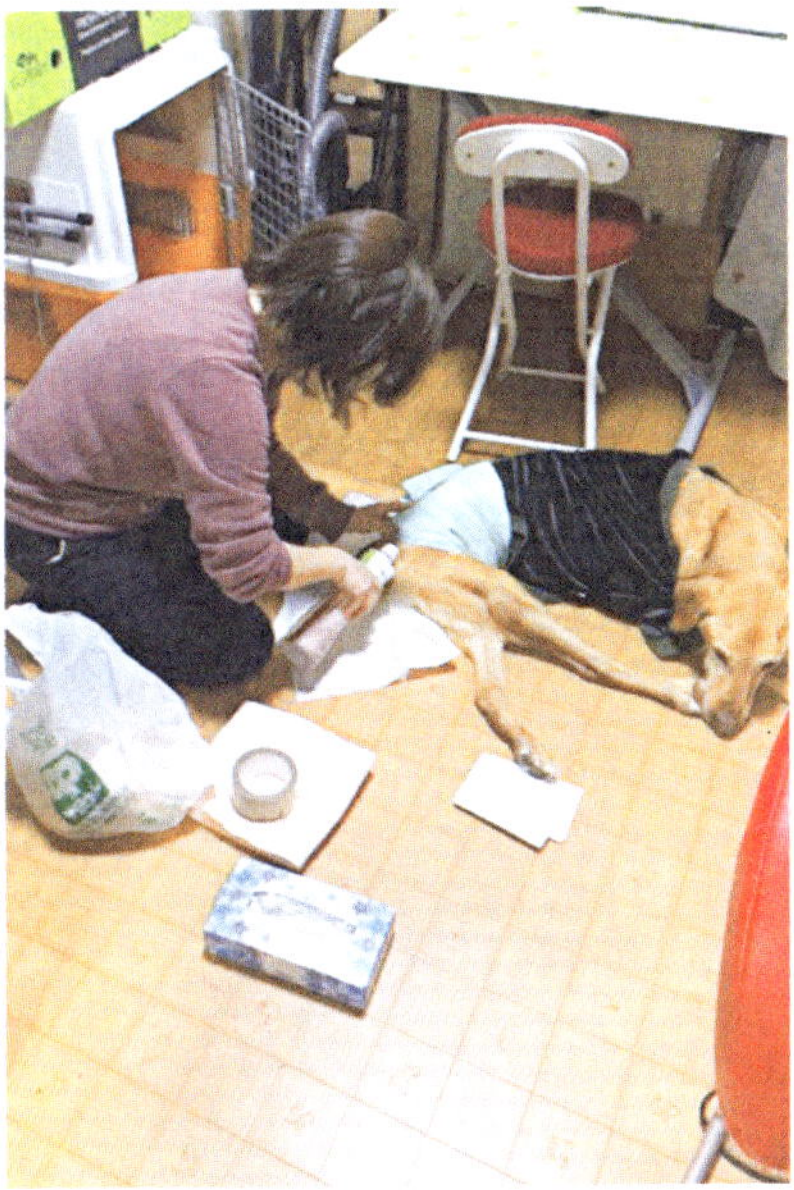

床ずれができた付近の毛は治療のためバリカンで刈り、ペットボトルに入れた水道水で洗う（P.67参照）。軽く水気を拭き取り、白色ワセリンを塗り→台所用穴あき水切り袋に生理用ナプキンを入れて患部にあてる。

尿漏れパッド交換

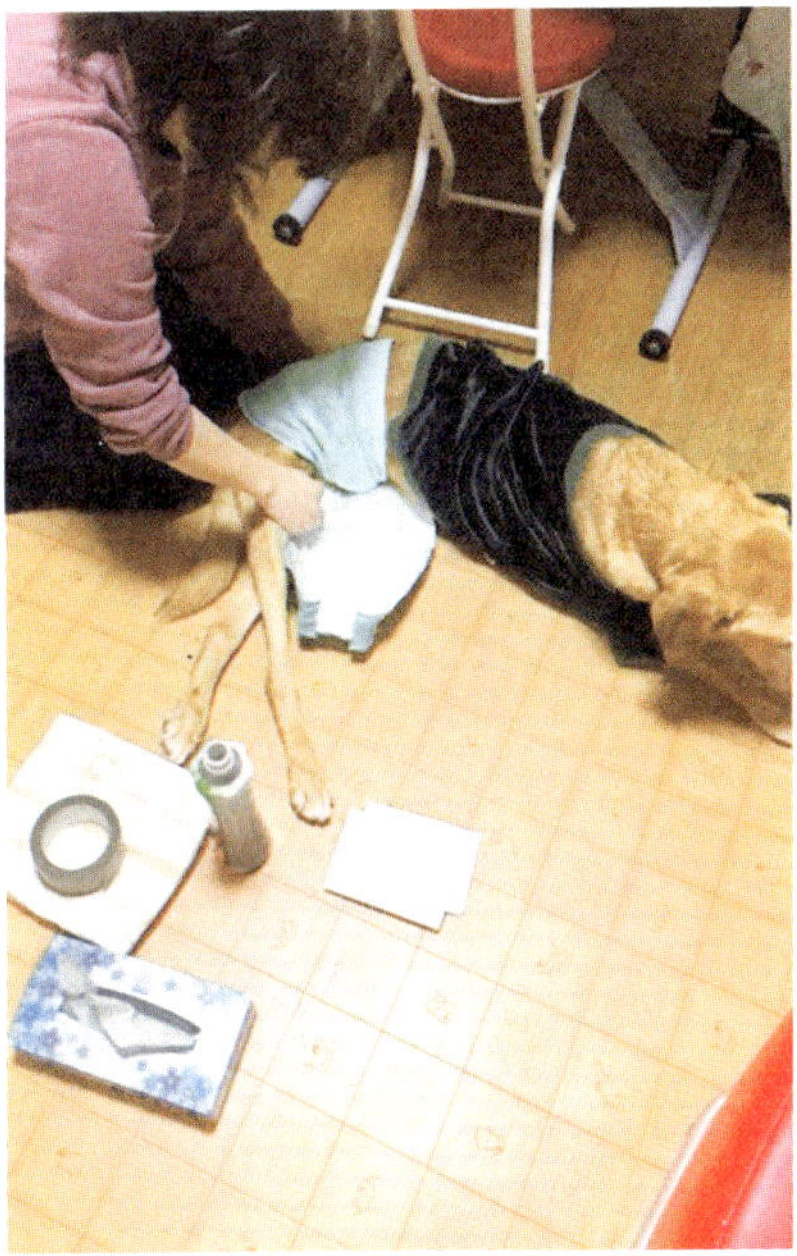

完全に歩けなくなると、人間用尿取りパッドの使用が本格的になる。オムツは後ろ脚が拘束されるので、頑張れば自力で立てるうちの昼間は使わなかった。

ケア実例 2

動物専門学校で得た知識を活かして

愛犬 ジャーマンシェパード／オーブちゃん15歳

飼い主様ご職業
動物専門学校卒業後・主婦

ボールとフリスビーが大好きな子でした

オーブが6歳になるまでは、専門学校（動物）の学校犬として活躍していました。6歳で卒業する際に、担当していた卒業生の中で、私が引き取らせていただき、家庭犬としての生活がスタートしました。

食事と排泄は基本的に朝晩の2回ずつ。お散歩に行けない日には、お庭ですませ、長いお留守番の際はペットシーツの上でちゃんとできていました。普段のお散歩は、母と近所を歩いていましたが、私がお休みの日は必ず、海・山・川などいろんなところへたくさんお出かけをしました。とにかく、ボール遊びとフリスビーには目がなく、目を輝かせて遊んでいました。クタクタになってもやめようとしないので強制終了！　これは14歳まで変わりませんでした。（疲れるのは早くなりましたが）お出かけをしたら、半日動き回っていることも多々。12歳くらいまでは、わかりやすく体力が落ちたな～と感じることはあまりなかったように思います。

14歳を過ぎ、歩行が困難になってからも、カートに乗せて近所のお散歩に行くのはもちろん、〝今のうちに行きたいところは行こう〟と犬連れゴルフや遠方のお花見も一緒に楽しみました。

14歳のお誕生日。

オーブちゃんに学ぶべき点

Dr. 須﨑オススメ POINT

① 丈夫で洗える、着脱しやすい靴
② 寝返り前の手脚屈伸マッサージ
③ 気分転換で食欲アップ

食材を替える以外で食欲をアップさせる方法 寝返り前に筋肉を弛めるマッサージ

足を引きずって歩くのですり傷防止のため、丈夫で洗えて、着脱しやすい靴を探していたところ、ウェットスーツのような素材で、洗っても乾きやすく、四足セットで1500円くらいのものがネットで見つかったそうです。オーブちゃんも半年以上履きましたが、壊れませんでした（P.86参照）。ゴム製や、靴下みたいなものは穴が開いてすぐにダメになってしまいました。

オーブちゃんは熟睡するとかなり長いこと寝続けるので、まだ自力で動けて徘徊するころから、寝返りは2～3時間おきにしていたそうです。

そして、寝返りを打たせる前に、手脚を屈伸させるマッサージをして筋肉が固まらないよう心がけていたそうですので、ぜひ参考にしてみて下さい（P.80参照）。

食欲がなくなったとき、「何なら食べてくれるか？」という質問をしがちですが、いろいろ試してダメな場合は、食事をする場所や、一緒にいる人が変わると食欲が上がることがあります。日々体力が落ち、出来なくなったことが増えてもオーブちゃんと一緒に笑って楽しむ余裕も大事だったそうです。

後ろ脚に力が入らなくなる時期

今までできていたことが少しずつできなくなる

散歩中にボールなどを飛ぶのが好きでしたが、11歳頃から飛ぶのを躊躇《ちゅうちょ》するようになりました。とはいえ、まだまだ元気に走っていました。

12歳では、車にも飛び乗るのが一生懸命な感じになってきたので、父にスロープを作ってもらいました。高いところに乗せたり降ろしたりは、足を気遣い、抱っこするようになりました。しかし、オーブはまだまだ元気でお散歩もボール遊びもまだまだ現役！　とばかりに喜んでいました。

13歳をすぎると、お散歩のペースがだいぶ落ち、距離も短くなりました。ただ、お出かけでテンションが上がってるときは、エンドレスに歩く元気もあり、アジリティのハードルを飛びたがることもありました。

14歳頃から、お散歩はだいぶゆっくりになりました。冬場は寒いのもあり、排泄をし終えると、早く帰りたがるようになりました。後ろ脚を引きずるので、爪の先端ではなく、上部が薄くなり出血するので、後ろ脚にウエットスーツのような素材でできた靴を履かせてお散歩するようになりました。

14歳9ヵ月、
茨城フラワーパークにて。

お気に入りの土手で座り込んでしまったので抱っこ移動。

行き倒れる時期

徘徊が始まり水飲みに行く途中で行き倒れる

14歳後半から、15歳になる頃には、お散歩中に疲れると座り込んだり、歩かなくなることが出てきました。しかし、ウンチも支えれば自分で踏ん張れていたし、座り込んだりしながらもお散歩も楽しんでいました。

この頃に、お出かけ用にカートを購入しました。オーブはまだ少しの距離なら自力で歩けましたが、途中で疲れた場合には、カートが大活躍。近所のお散歩も、オーブが歩きたがる時は歩かせ、様子を見てカートに乗せるのが基本になりました。

この頃から徘徊が始まりましたが、夏場は日中どうせ外へ行けないので、存分に夜の徘徊を楽しんでもらって、昼間はぐっすり眠ってもらおうと割り切りました。お水を飲む回数が増えたり、徘徊しながらお水の場所まで行きつけない、行き倒れることもあったので、ケージに取り付ける給水器を、哺乳瓶のごとくオーブの口元に持って行ってあげるようにすると、飲みやすかったようです。中に薄めたポカリスエットをいれていたので、お散歩時も携帯することができましたし、寝たきりになってからも、自力で飲めるうちは、口元に持って行くとぺろぺろと飲んでくれたので、すごく助かりました。意識が朦朧とし始めた頃は、シリンジでお水を口の中へ少しずつ流し込むようになりました。

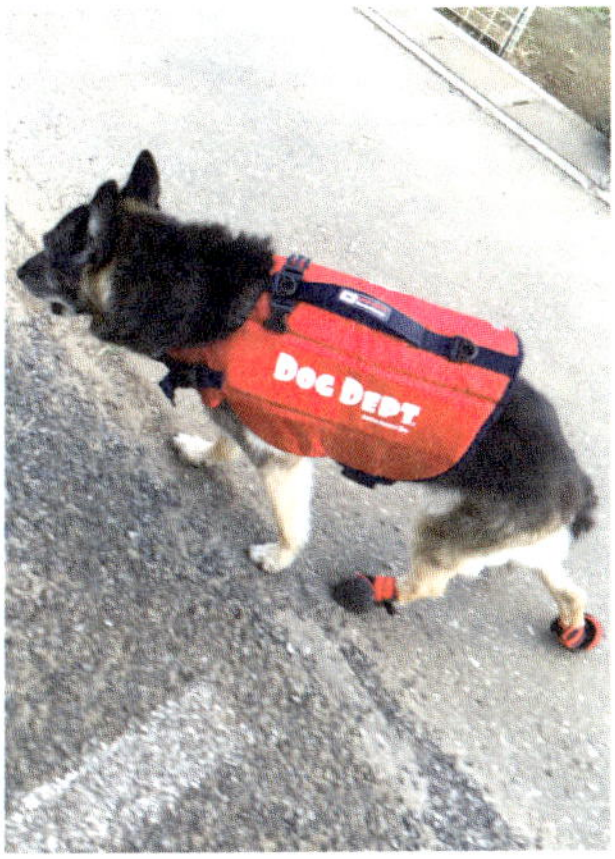

15歳、ハーネス着用。
“かっこいい〜”とほめられ、上機嫌。

自力で歩けなくなる時期

主人の休みに合わせてお出かけを楽しむ

15歳前には、後ろ脚に力が入らず、腰からくた～んと落ちてしまうことも多くなり、ウンチを踏ん張っているときは、支えていないと尻もちをついてしまうようになりました。オシッコをしている時も、尻尾をあげておく力も衰え、尻尾の先でオシッコをはらってしまうこともありました。

14歳後半から15歳、寝たきりになるまでは、ずっと徘徊しているので、日常的にハァハァしていて、かなり水を欲する回数も増えました。夏場は薄めたポカリスエットを与えました。24時～明け方5時が徘徊時間のピークでした。15歳を過ぎてからは、徘徊中に腰が落ちてしまい、前脚でつまづきバタンと倒れてしまうことも多々出てきました。

また、14歳後半から、後ろ脚が弱かったので、ウンチを踏ん張りながら尻もちをついてしまうサインが出てきたので、排泄介助をする必要が出てきました。この頃には、無意識にウンチが転がっていたりすることもあるので、室内ではオムツを着用しなければいけなくなりました。

主人のお休みは、ほとんど一緒にオーブをつれてお出かけしました。オーブが喜ぶ場所へ、少しでも多く行きたかったので。また、毎年恒例の行事(お花見、ひまわり畑などなど…)も、時間帯や場所を変え、行ける場所を探してあきらめずに楽しみました。

15歳2ヵ月。『花の都公園』(山中湖)にて。

寝たきり時期

全く立てなくなったのは亡くなる一週間前

全く立てなくなったのは亡くなる1週間前でした。寝たきりになった最後の1週間は食欲がなくなり、最後の2～3日はほとんど食べられませんでしたが、友達がきてくれるといいところを見せようとして食べられました。食欲が無くなってからも食べられたものは、『セブンイレブン』のカステラを牛乳にひたしたものや、なめらかなプリンなどでした(P.85参照)。

寝たきりになってからは、首をどんどん反らせて、ベッドの角に鼻先を入れて、息苦しそうにしていたので、クッションで首反りを防止しました。

オーブを飼い始めた頃から毎日欠かさず続けたことですが、毎晩寝る前に、撫でながら「オーブ、今日もありがとう。オーブがいてくれるだけで幸せだよ、ありがとう。世界一大好きよ、元気で長生きしてね」と、毎日伝え続けました。さすがに、最期の3日ほどは、「もういいよ、ありがとう、がんばったね」となりましたが…。とにかく、声にして伝えることを大事にしました。

老後、一番かけた言葉は、「大丈夫よ～♪」かもしれないです。もちろん、病気や体調が心配で落ち込んだ時もありましたが、オーブの顔を見ると、「大丈夫、大丈夫♪」と、オーブにも自分にも言い聞かせていた気がします。

実家のナナと大好きな山中湖へ。

ぶつかる、はさまるを防止する

室内環境整備

低反発座布団ですき間を埋める

徘徊が始まってから、細い隙間にハマって出られなくなることが度々あり、ソファーと窓の隙間などに低反発の座布団で壁を作りました。オムツのしっぽの穴から、ウンチが転がり落ちたりなど、なにかと汚れることもあるので、カーペットはやめて、汚れたら、その場所だけを外して洗えるタイルマットを、オーブが動く場所すべてに敷き詰めました。小さなすき間は100均で「ピタッと吸着マット」を買い、小さく切って貼り付け、床の穴埋めをしました。

はさまりそうなすき間をふさぐ

日中と、夜寝る時の部屋は別で、移動させるので、低反発の座布団はこまめに必要な場所に、必要な時に置き換えるだけでよかったので便利でした。たまたま『ニトリ』で2個買ってあったものを使い回ししたのですが、思いのほか役立ちました。

すき間にはさまってしまう

徘徊が始まってから、細い隙間にハマって出られなくなってしまうので、ソファーと窓の隙間など、低反発の座布団で壁を作りました。

存分に徘徊できるよう柵やコーナーカバーを活用！

徘徊は〝歩き回れるだけ元気な証拠〟だと考えて、自分が見ていられる範囲では、思う存分歩けるように、ぶつかって困るものは排除し、曲がりきれずにぶつかるコーナーはコーナーガードでカバーし、できるだけ好きに歩かせるようにしました。留守の際には柵で行動範囲を制限し、和室の畳は立ち上がったりするときに滑るようだったので、ベッドの周辺だけ、カーペットを敷きました。

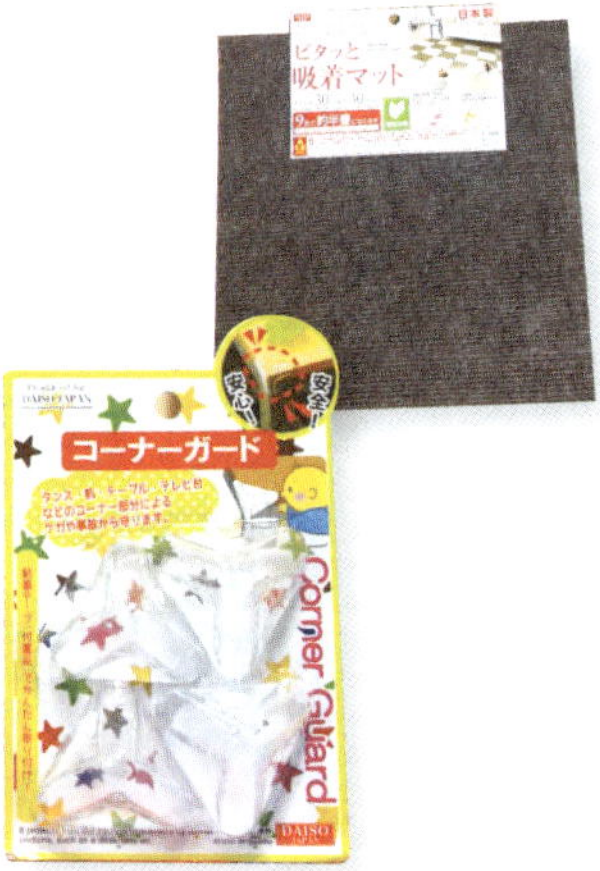

コーナーの角をおおう

曲がりきれずによくぶつかるコーナーには、100均で赤ちゃん用のコーナーカバーを買い、貼り付けることで擦り傷対策になりました。

お留守番の時の安全対策

お留守番の際は、柵で行動範囲を狭め、隙間を作らないようにし、行き倒れても大丈夫なように、クッションでカバーするなど工夫。

床ずれ防止、無理のない姿勢維持

睡眠姿勢の工夫

マッサージをして寝返りを打たせる

床ずれ防止のために、寝返りは2～3時間おきにはしていました。寝返りを打たせる前に、手脚を屈伸させるマッサージをして筋肉が固まらないよう心がけました。①脚のつけ根を円を描くようにやわらかくほぐす、②肩、股関節まわりを押してほぐす、③つま先から膝をゆっくり屈伸させる、④動きがスムーズになってきたら寝返り、⑤犬が歩くときに使うような脚の使い方をイメージしてマッサージをしてから、寝返りを打たせていました。

骨がぶつかって床ずれにならないよう、クッションでカバー

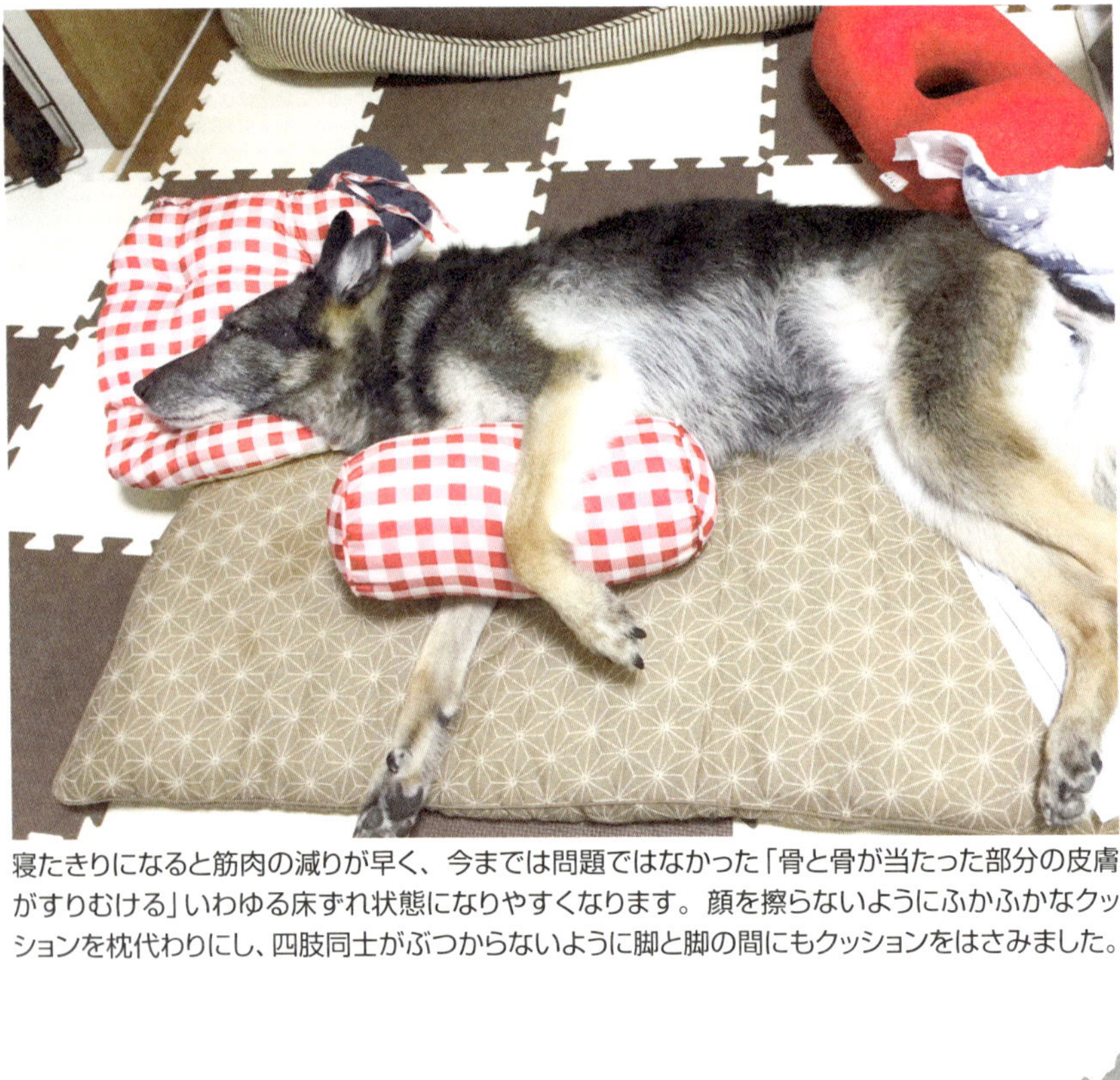

寝たきりになると筋肉の減りが早く、今までは問題ではなかった「骨と骨が当たった部分の皮膚がすりむける」いわゆる床ずれ状態になりやすくなります。顔を擦らないようにふかふかなクッションを枕代わりにし、四肢同士がぶつからないように脚と脚の間にもクッションをはさみました。

ふかふかで滑らかなクッションで姿勢を無理なく補正

寝たきり状態が長くなると、筋肉量が減って床ずれしやすくなるし、首を支えられなくなると、身体の動きに合わせて、思いもよらないすき間にはまってしまい、窒息したりしかねません。そんなことにならない様、市販のふかふかで表面がなめらかな手触りのクッションを数も種類も複数用意し（排泄物で汚れたときのため）、無理の無い姿勢を作り、身体が楽になるように固定してあげます。微妙なすき間は、バスタオル等でかさ増し・底上げします。衛生的に保つべく、ベッドにはバスタオルを敷き、毎日交換しました。また、基本はベッドで寝かせますが、お昼寝は長座布団の上で、日光浴をさせて気分を変えたりしました。

首の反り返りを防止する

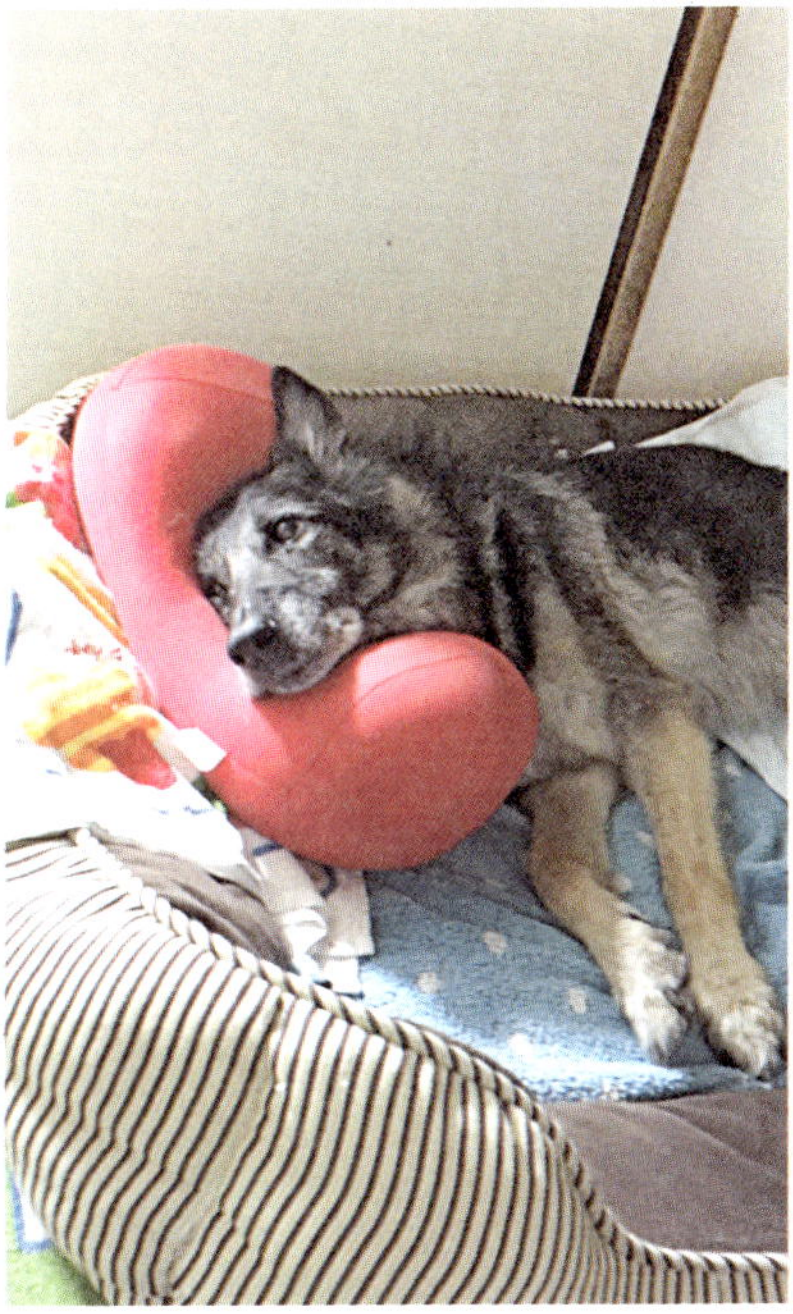

寝たきりになってからは、首が反っていってベッドの角っこに鼻先を入れてしまい、息が苦しそうなので、クッションで阻止しました。

無理のない姿勢をつくる

いろいろな形やサイズの、ふかふかで表面がなめらかな手触りのクッションで、寝たきりの犬に無理の無い姿勢をつくります。

排泄介助と皮膚のケア

排泄・お手入れの工夫

お尻まわりを毛刈りして排泄介助しやすく工夫

後ろ脚が弱くなるとウンチを踏ん張りながら尻もちをついてしまうことがあり、排泄介助が必要に。蒸れたり、かぶれたりしないように、肛門周りや肛門に触れるしっぽの一部の毛を刈りました。排尿時に、しっぽを踏ん張る筋力が落ちてきてオシッコがかかるので、しっぽの毛先もトリミング。夜寝ている間にオムツ内でウンチをすると、肛門周りがかぶれやすいので、朝、お尻だけお風呂で洗いました。お尻周りが赤くかぶれそうになると、白色ワセリンを薄く塗布。オムツでのオシッコの回数が増えてくると、犬用のオムツの中に、人間の赤ちゃん用の尿取りパッドを敷くと、パッドだけ交換すればいいので、オムツ自体はウンチをするまで変えずにすむので、オムツは1日1～2個で済み、経済的でした。

オーブちゃんが使用したオムツ

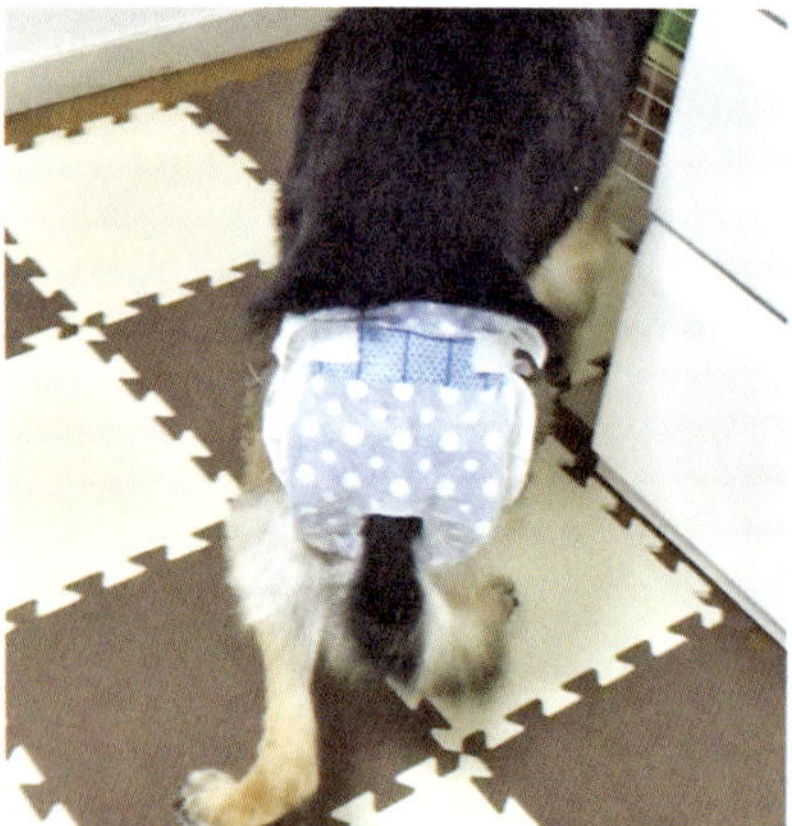

オーブには中型犬用のLサイズがぴったりで、中に人間の赤ちゃん用の尿取りパッドを敷きました。パッドだけ交換すればよく経済的。

排便マッサージ

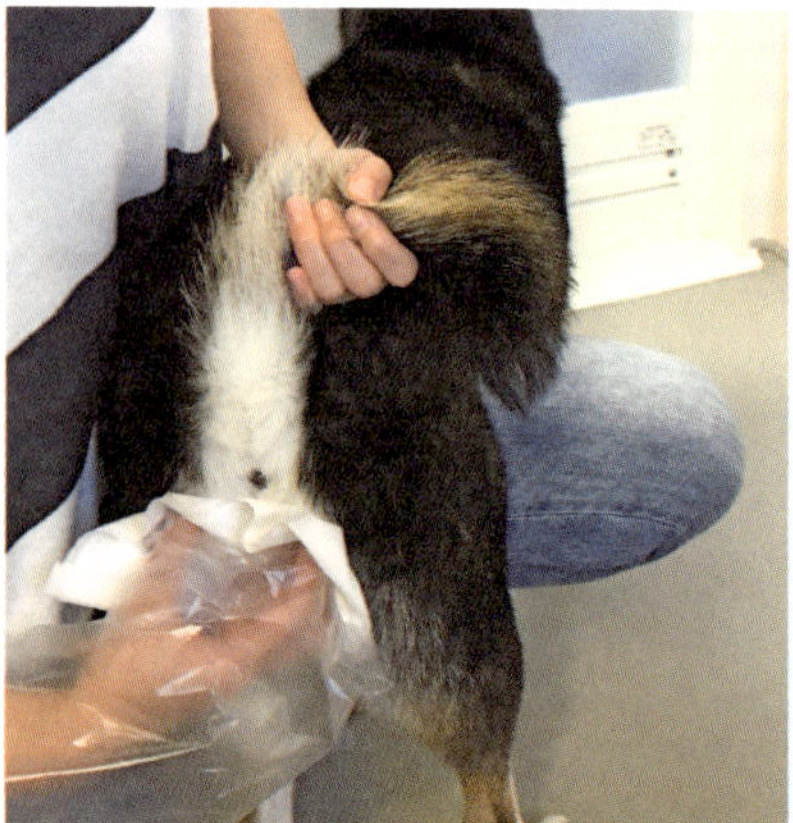

犬の左側に立て膝でしゃがみ、左腕をお腹の下に入れて支える(オーブちゃんの場合)。肛門の両サイドをウエットシートでもみほぐす。

愛犬の体に負担のかからないお手軽入浴

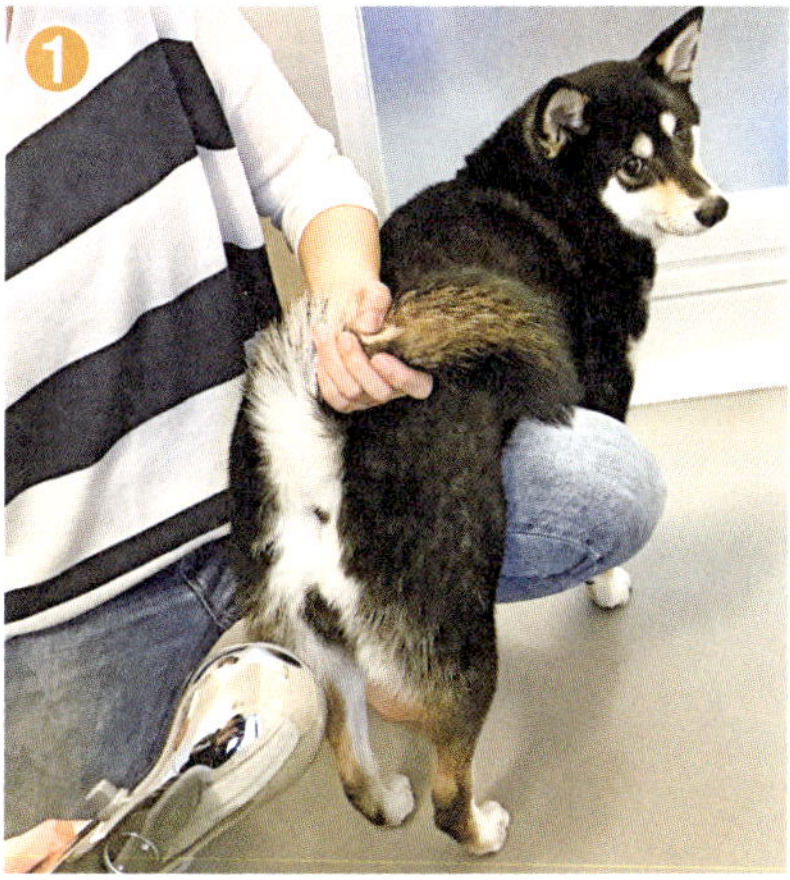

犬の左側に立て膝でしゃがみ、左腕をお腹の下に入れて支える（オーブちゃんの場合）。シャワーでお尻だけをさっと洗う。

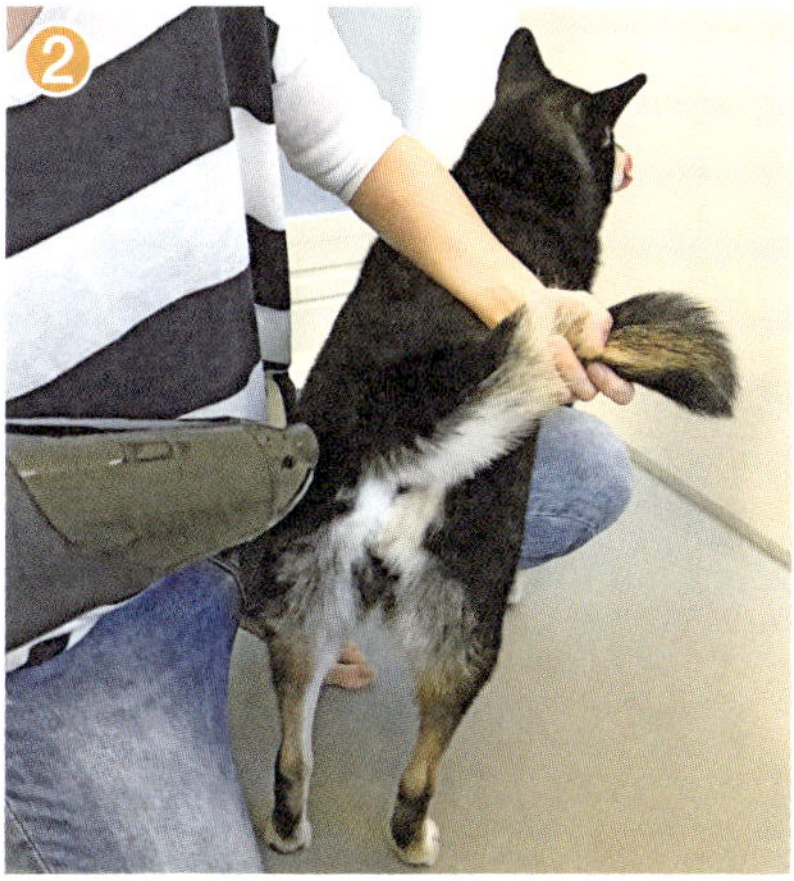

ドライヤーでさっと乾かす。

乾燥によるひび割れをケア

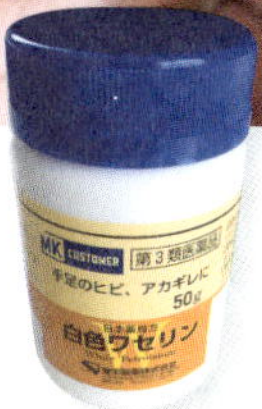

足の裏がカサカサでひび割れていたので、白色ワセリンをこまめに塗りました。お尻のかぶれにも効果的でした。

衛生的にトリミング

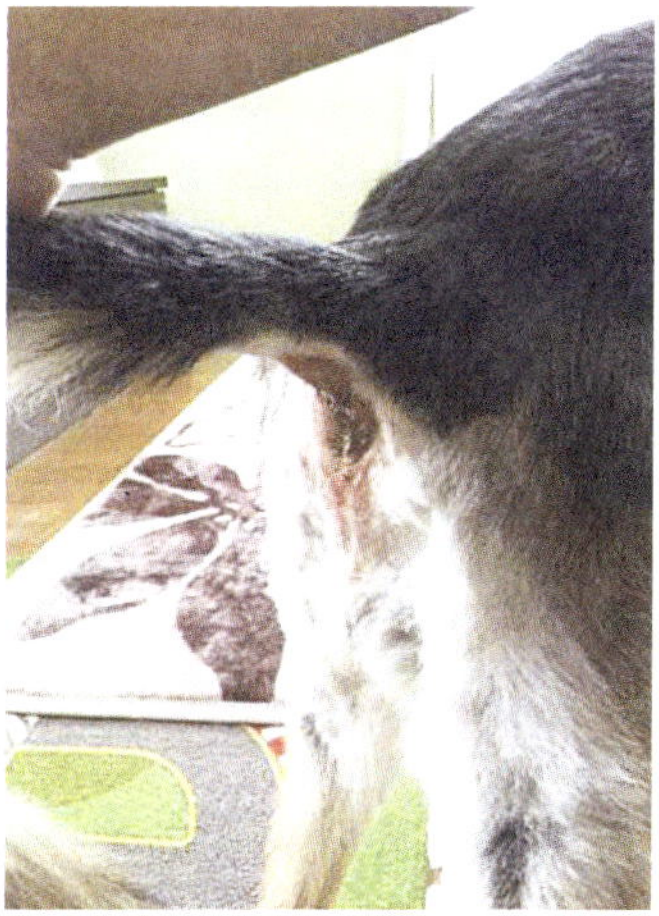

蒸れたり、かぶれたりしないように、肛門周りの毛を刈り、肛門にかぶさるしっぽの一部の毛も刈りました。

食べたくなる気持ちづくりも大切に

食事・介助の工夫

場所や人が変わると食べたくなる気持ちが湧く

食欲が全くなくなったときも、『セブンイレブン』のプリン、カステラは少し食べました。犬の介護用ウェットフードは口の中に入れて飲み込ませましたが、意欲的には食べませんでした。

もう長くないと感じ、オーブの大好きな実母や私の友達が会いに来てくれました。その時に持ってきてくれたお土産やおやつ、介護食など、みんなの前ではいいところを見せたいオーブは、ぼーっとした中でも、上体を起こし、少しだけ、もぐもぐしながら、食べました。最後の数日間は、起き上がることもできず、自力で食べることはできなかったので、介護食のウェットフードを、口の横からスプーンで入れて飲み込ませていましたが、それもかなりの少量でした。飲み込む力がもうなかったように思います。

愛犬の食欲がないときこそ、楽しい気分転換が何より重要

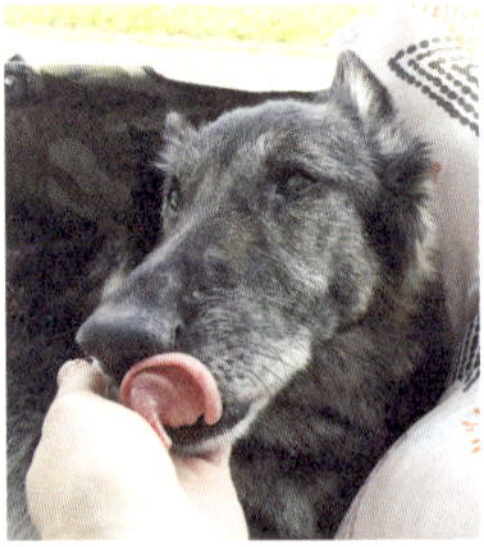

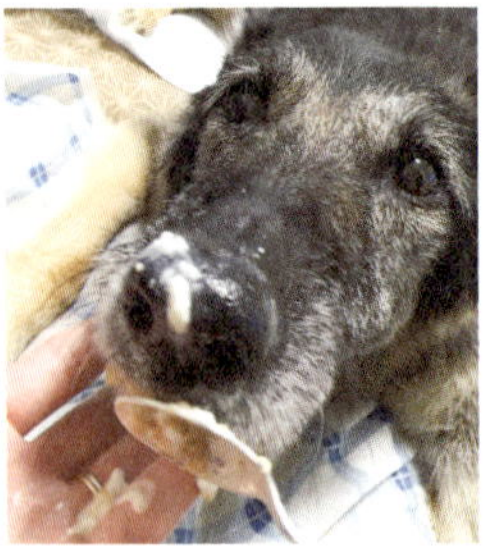

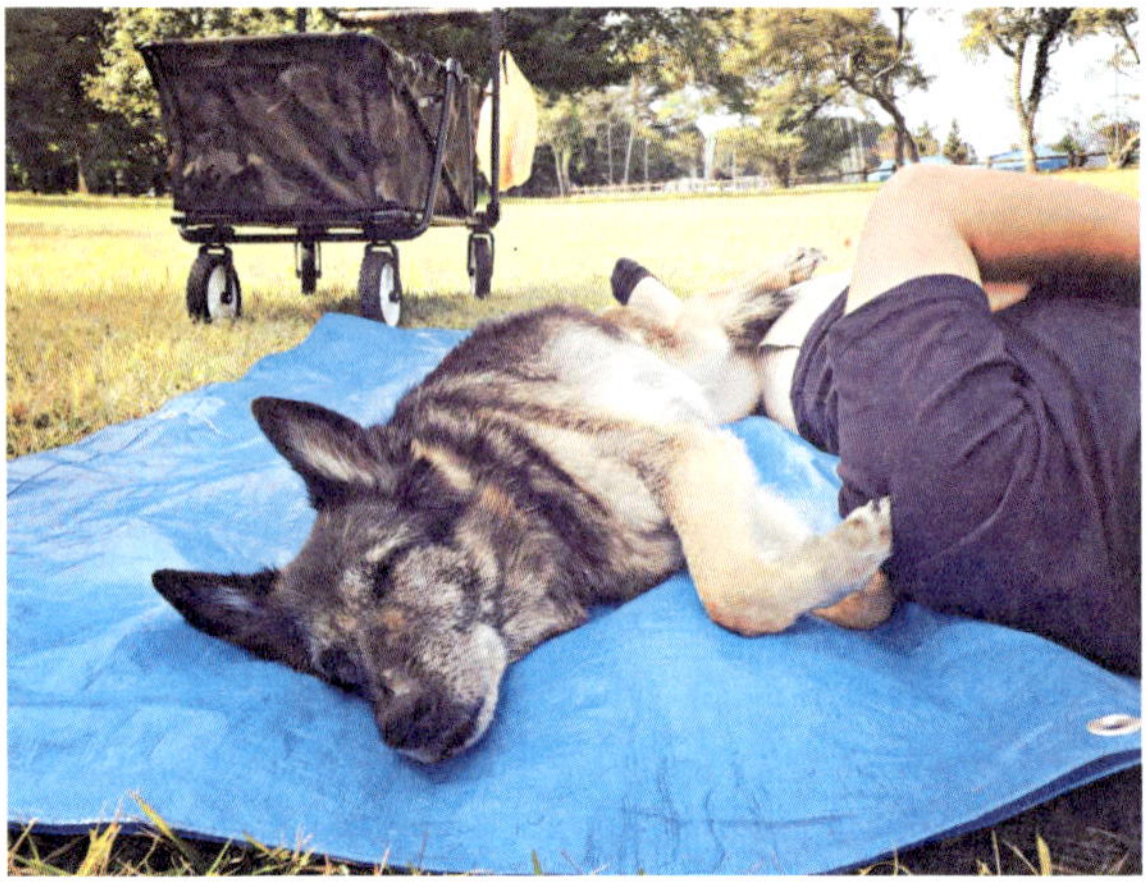

自分では食べようとしなくなった日、主人とオーブを連れて最後のピクニックに。ご機嫌スマイルを見せてくれたり、自力で座ろうとしたり、大好きなカステラも少し食べてくれました。大好きな公園でピクニックしたのが、刺激になったのだと思います。

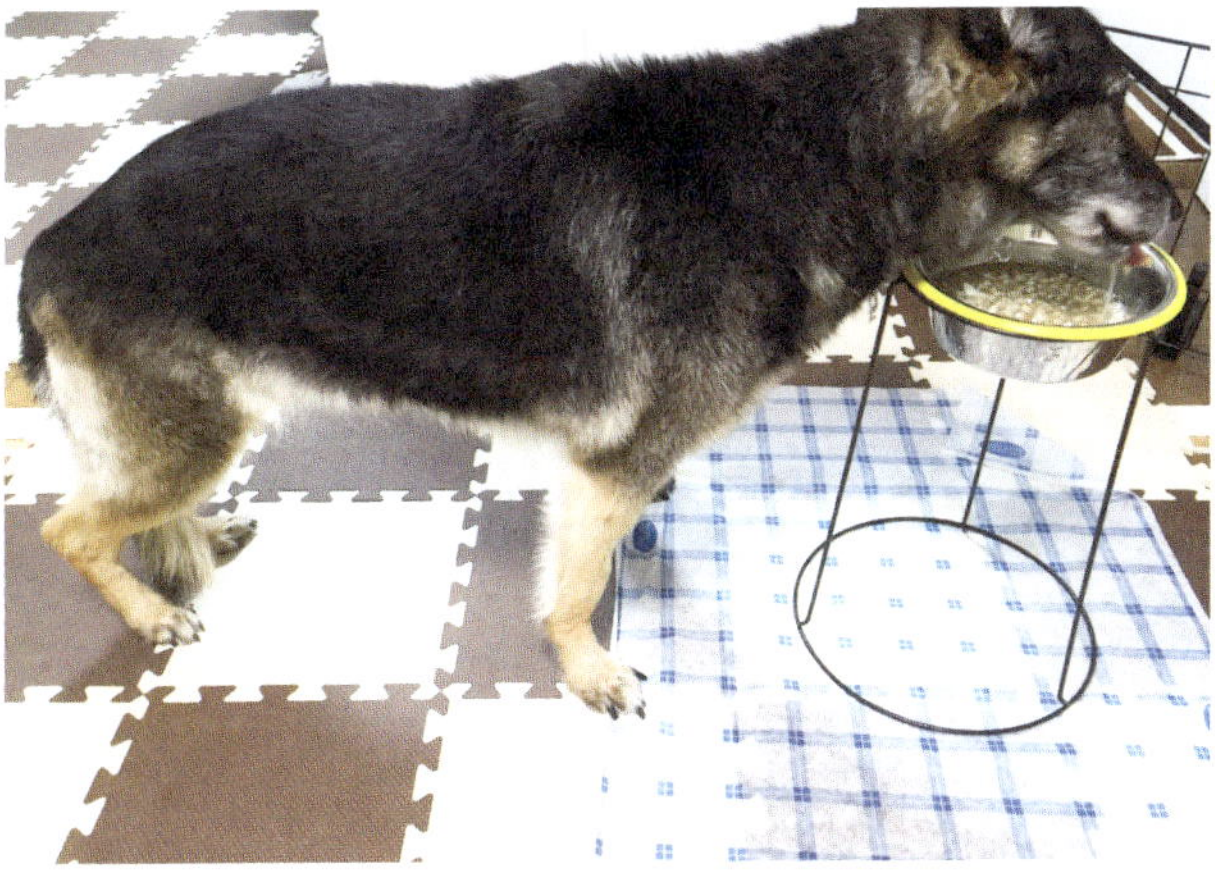

道具の工夫（初期段階）

たまたま、100均で見かけた園芸用のものを試しに買ってみたら、ジャストフィット！　しばらくは、ご飯やお水はこれが役立ちました。

食欲がないときに食べてくれたもの

『上品な口どけカステラ』（セブンイレブン）を牛乳にひたしたもの

かつおぶしを混ぜたおかゆ

『ほんのり甘い　切れてる厚焼きたまご』（セブンイレブン）

『なめらかプリン』（セブンイレブン）

命を繋ぐために役立つならば、人間の食べ物でも好きなものを食べさせました。

一口食べるごとにほめる。笑顔で気持ちを伝える

食べる意欲が低下してきても、一口食べるごとにほめるといいところを見せようとします。

足腰が弱くなってからの
移動サポート

歩けるうちは歩かせていました

基本的に、歩きたがる時は歩かせました。転んでも、座り込んでも、オーブの意志があるときは、腰を持ち上げ立たせてあげると自力で歩こうとしました。歩ける距離が短くなっても、歩けなくなっても、大好きなお出かけには連れて行ってあげたい。五感を刺激することが一番！　と考え、カートを探しました。オーブは20kgないので、市販されている大型犬用の介護カートは合わなかったので、両親が見つけてきた、アウトドア用のカートを選択しました。

カートでお散歩（座り姿勢可能時期）

重心が低く、万が一飛び降りてしまっても大事に至らない高さ。伏せても顔が出る、景色が見られる高さのアウトドアカートを活用。

足のすり傷防止に靴を購入

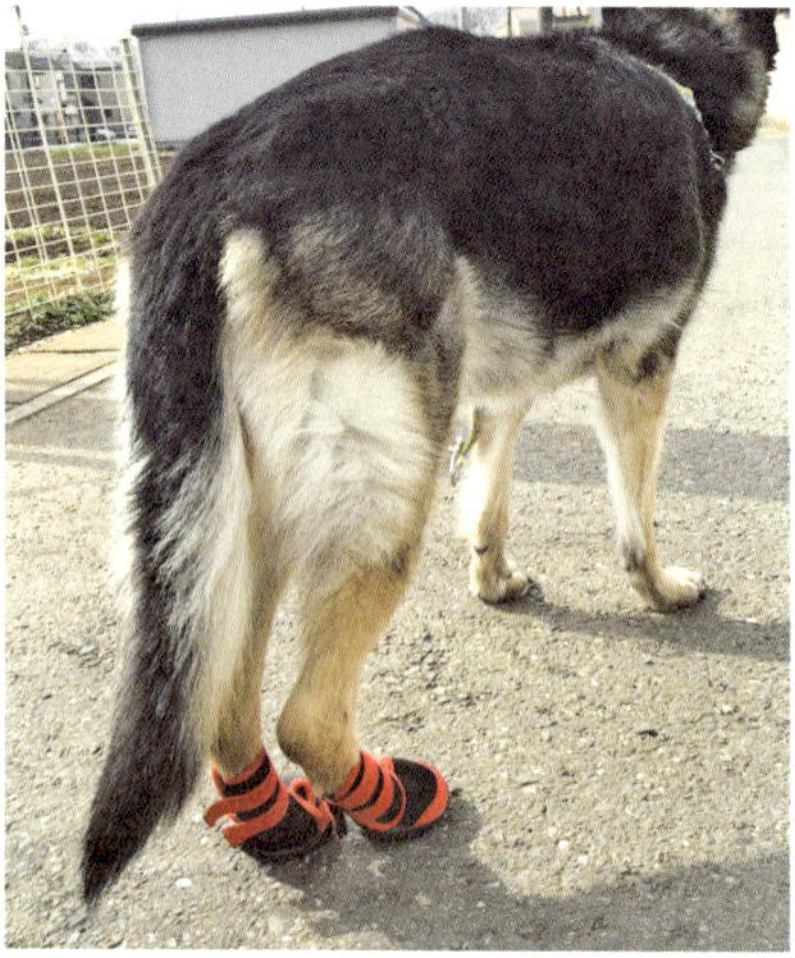

素材がウェットスーツのような靴なので、洗っても乾きやすく、着脱しやすく、半年以上履けるほど丈夫でした。

歩けなくなってからもお散歩は欠かしません

まだ歩ける頃は、お座りで乗っていたので、カート内にはフカフカ過ぎない、厚みの薄い座布団を敷きました（P.86参照）。たまに、ウンチをもらしてしまったので、惜しげもなく使い捨てができる100均のものが活躍しました。

寝たきりになってからは、クッションで寝姿勢をサポートし、オーブのお気に入りで、車用の犬舎にも敷いていた、フカフカの長座布団（ホームセンターで1500円くらい）を入れ、腰の下にオシッコシートを敷いてお出かけしました（↘）。

若い頃は、抱っこをあまり好みませんでしたが、歳を取ってからは、抱っこが楽だと気付いたようで、嬉しそうに子供の様な顔で抱っこされてお出かけしていました。

抱っこでお散歩

主人が休みの日は、抱っこされて大好きだった河川敷のお散歩に行き、嬉しそうに子供の様な顔で楽しんでいました。

カートでお散歩（寝たきり時期）

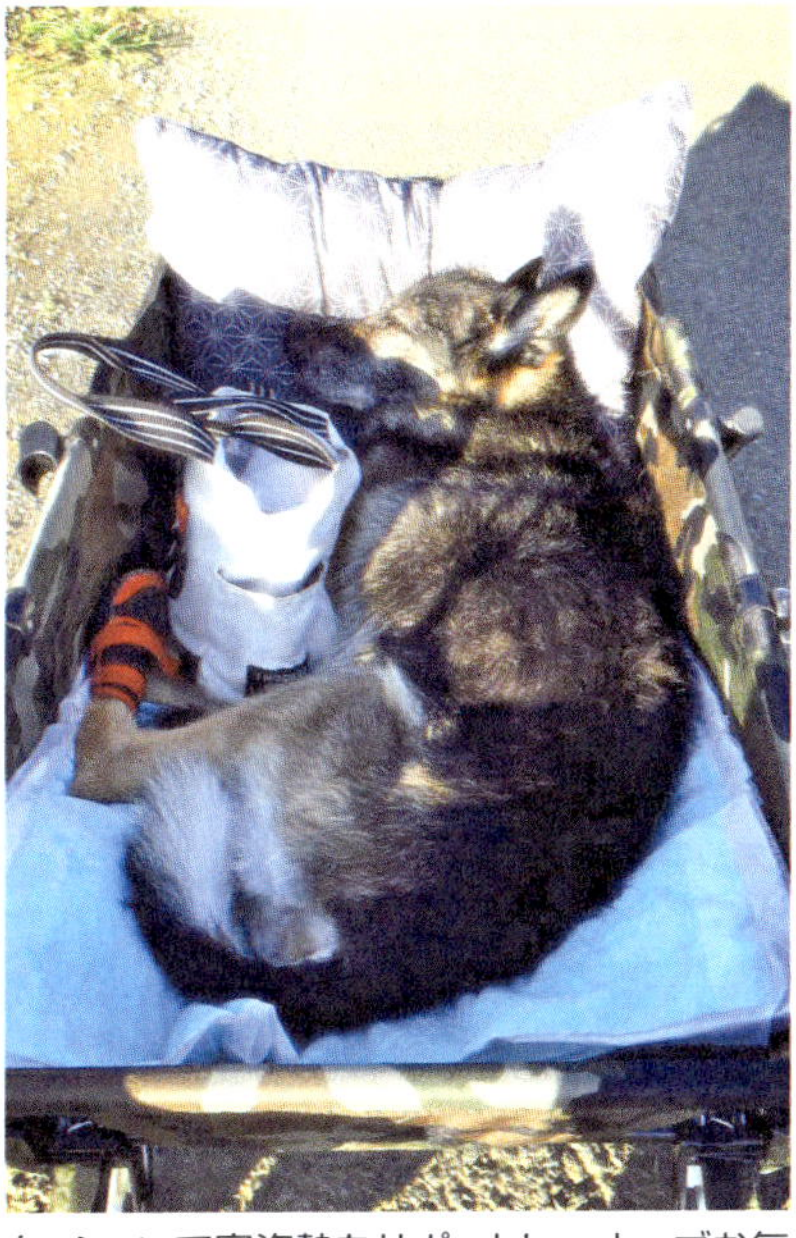

クッションで寝姿勢をサポートし、オーブお気に入りのフカフカの長座布団をカートに敷き、その上にペットシーツを敷いていました。

ケア実例
3

先端医療や介護現場取材で得た知識を活かして

愛犬 スタンダードプードル／イサベラちゃん17歳2カ月

飼い主様ご職業
医療・健康系書籍編集者

仕事が忙しくて留守がちな飼い主でもデキた！介護食とケア

団らんに参加するのが大好きだったイサベラちゃんも、年齢とともに後ろ脚に力が入りにくくなる↓行き倒れる↓前脚にも力が入らず寝たきり（背中歩き時期）という経過をたどりました。

飼い主さんも仕事上留守がちで、行き倒れ時期には、留守中にソファーの下のすき間に入り込んでしまって、動けなくなって衰弱していたアクシデントがありました。そこで、仕事で留守にしていても安全なように、絨毯や布団、クッション類を様々試し、事故が起こらない工夫をしました。また、踏ん張れる度合いに応じて寝具の重ね方を工夫し、背中歩きをしても擦り傷ができない工夫も繰り返しました。食欲が低下したときには「食べられないには理由がある」というリハビリ・介護医療第一人者の医師の教えに従い、食道から胃までがまっすぐで胃が圧迫されない姿勢を作り、食べやすい食事形態を取り入れ、一度にたくさん食べさせようとせず何回にも分けて楽しく食べさせることを心がけました。すると、再びきちんと食べることができました。どうしても食べない場合は、楽しい気持ち作りが最重要でした。

12歳頃。旅先での買い食いはワンコも楽しみ。

イサベラちゃんに学ぶべき点

Dr. 須﨑オススメ POINT

1. 寝具・クッションを最大限活用！
2. 擦り傷も5日で完治！『湿潤療法』
3. 食べる姿勢と食べる前の準備運動

様々な道具を諦めずに試し続け 人間の介護食理論をフル活用

仕事が忙しく留守がちなご家庭での犬の介護は大変です。日中6時間以上のお留守番をしていたので、ペット用出張介護サービスを頼もうとしましたが、「大型犬を抱き上げられない」と断わられてしまいました。そこで寝具を工夫し、食事は夜間から出勤前の時間を利用して、1時間に1度抱っこ移動し、10回以上に分けて食べさせました。

寝たきりになっても、本人としてはなんとか立ってトイレに行きたいと願うので、肩甲骨を使って「背中歩き」をします。あるとき、夏用クッションの上で背中歩きをし、擦り傷ができました。その時には『湿潤療法』により傷は5日で完治。これを境に、どんなに背中歩きをしても皮膚が摩擦により傷つくことがない素材の寝具を敷き詰め、以降皮膚が傷つくことはなかったそうです。また、飼い主さんの取材経験から、口から食べられなくなったら臓器、各種機能があっという間に衰弱するということで、とにかく口から食べる工夫をしました。後ろ脚の力が入らなくなると、食事姿勢がとれないため、本当は食欲があっても食事を摂ること、水を飲むことが困難になります。そこで、クッション等を活用して誤嚥《ごえん》（P.117 参照）を起こさないための正しい姿勢を作り、突然食べさせて誤嚥《ごえん》を起こさないためにもマッサージや口腔準備運動をし、食材の選び方、調理の仕方、トロミのつけ方を工夫し、口腔内ケアも欠かしませんでした。

後ろ脚が弱くなり始めた時期

気分を盛り上げ食欲増進をはかる

ずっと犬のお世話をしてきたお母様が2年間の闘病の末に亡くなり、どんなに待ち続けても、ホスピスから戻って来ないんだと気付いた12歳頃、急激に後ろ脚が弱り始めました。とりあえず、自宅から半径100m以上の距離はカート持参でお出かけし、犬の身体への負担を軽減しました。

13歳になると食欲もなくなり、足腰が立たず寝返りも自分で打てない、水も飲みに行けない状態にしばしば陥るようになりました。食事は食べたくなる気持ち作りが重要で、対策としては、朝の散歩はカートに乗せて、犬が慕っている人のところへ撫でてもらいに行き、気分が上っているうちにご飯を食べさせる。日中〜夜の留守中は犬が慕っている人に2回ほど犬の様子を見に来てもらい、食事やお水を口まで運んでもらい、声をかけて励ますことを行ってもらいました。この時点では完全な寝たきりということではなく、楽しい・嬉しいなどの気力があれば、食べられるし動けるという状態で、トイレを漏らしてしまうことは1度もありませんでした。カートにもちゃんとお座りして乗れる状態なので、晩年と比較すればずっと元気で、精神的なショックで病み、衰弱していたのだと思います。

気力と体力が衰えてきた12歳以降は、目的地まではカートで移動。身体の負担を軽減することで、散歩を楽しむ余裕が生まれて、この笑顔。

食事ルール、レシピ見直し時期

食べるきっかけ作りが困難になってくる

楽しい気持ち作りを心がけることで、足腰が立たない状態から回復する。ただ、後ろ脚は弱いままなので、カートで疲れさせないようにサポートするのは継続。15歳頃、左耳に立体的でやわらかくジュクジュクしたおできができ、治らない。化膿予防に抗生物質が常用薬に。

16歳から食欲がぐっと落ち、食べてくれるものを模索する日々が始まる。手作りごはんは、リハビリ・介護医療第一人者の医師に習った、「少量でも高カロリー」にするべく、牛・豚・鶏をたっぷりと入れ、野菜と共に甘めに煮込みました。今まで決めていた「市販の犬おやつやドッグフードはあげない」は一切無しにして、食べてくれるものをとにかく探しました。ただ、いずれもいつどれを食べてくれるかわからないので、常に可能性のある食材全てを常備し、食べなければすぐに違うものを「どうですか?」とすすめました。これらで食べる気が起きると、栄養たっぷりの手作りごはんを食べてくれるきっかけにもなりました。団らん参加は気力向上、食欲維持に欠かせないので、布団を持参して参加しました。

左耳にできたオデキ。

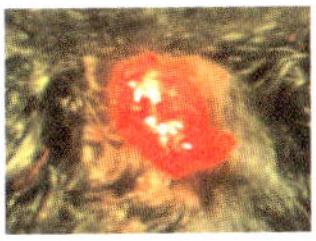

ワインクーラーを水入れに。

後ろ脚が弱くなってからは布団を持参して団らん参加。

行き倒れ時期

室内環境整備と食事の見直し

後ろ脚に力が入らなくなると、自力では食事姿勢がとれないため、たとえ食欲があっても食事を摂ること、水を飲むことが困難になります。

〈安全に食事させるポイント〉

①食事前には全身運動も兼ねて、抱っこ移動してトイレへ。
②誤嚥《ごえん》を起こさない姿勢を作る。
③食前の首や肩のマッサージ。
④誤嚥を起こさない食材選び。
⑤誤嚥を起こさない調理方法。
⑥食後はゲップするまで横にしない（食事の逆流防止）。
⑦食後の口腔内ケアを行う。
⑧無理のない量ずつ食べさせる。

この時期、目からウロコだったのは「食べてくれないのには理由がある。食べたくないんじゃありません。」という取材した、リハビリ・介護医療第一人者の医師からの言葉でした。

16歳前半、後ろ脚の力が抜けて部屋で行き倒れ始める。フローリング全面に絨毯を敷き、部屋のどこで倒れてもいいように部屋の外周には布団を並べ、全てのすき間にクッションを詰め込みました。オシッコは何しろ留守番が長いので、部屋のどこかで行き倒れ、動けずに漏らしていましたが、掃除すればよいだけのこと。「オシッコがちゃんと出て立派だね！」と毎回ほめ続け、速やかに掃除をしました。

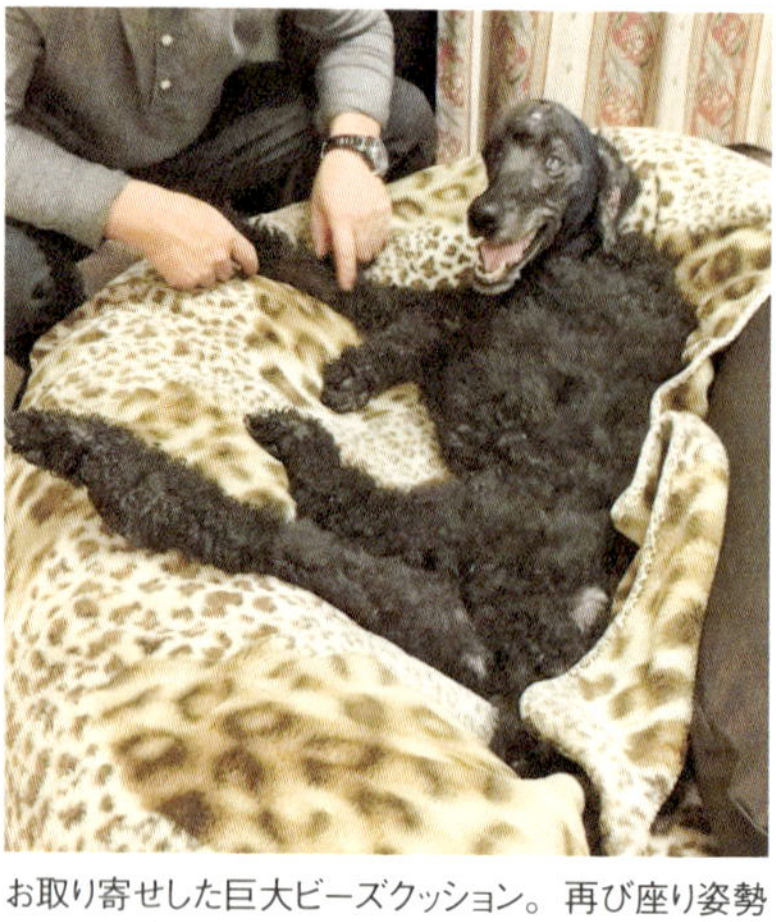

お取り寄せした巨大ビーズクッション。再び座り姿勢がとれ、寝たきり後に初めて見せた満面の笑顔。

頑張っても立ち上がれない時期

寝たきり＝衰弱ではない 立てないだけと考える

16歳後半から前脚にも力が入らなくなり身体が起こせないため必然的に「寝たきり」に。立てないだけでまだまだ元気な状態なので、自分でトイレに行こうと、肩甲骨を使って背中歩きを頑張ります。しかし、絨毯の上で背中歩きをすると擦り傷になるので、留守中どんなに身体や顔をこすり続けてもケガしない環境を模索し続けました（P.95参照）。

食事は一度にたくさん食べられないので、21〜3時、6〜9時くらいの間は1時間毎に食べさせました。すすめても食べない、飲まない場合もありますが、日中ずっと横になってもらっているので、血行促進、気分転換のためにも1時間に1度起きて抱っこ移動するのが恒例でした。

留守中に耳をブルブルして壁にぶつけ、耳血腫に。再発防止のため、スヌードを製作（↓）。

寝たきりになってからは、食卓を一緒に囲めなくなっていましたが、取り寄せた巨大ビーズクッションにより、再び団らん参加やつまみ食いも昔と同じにできました。諦めず道具選びをすることは重要です。

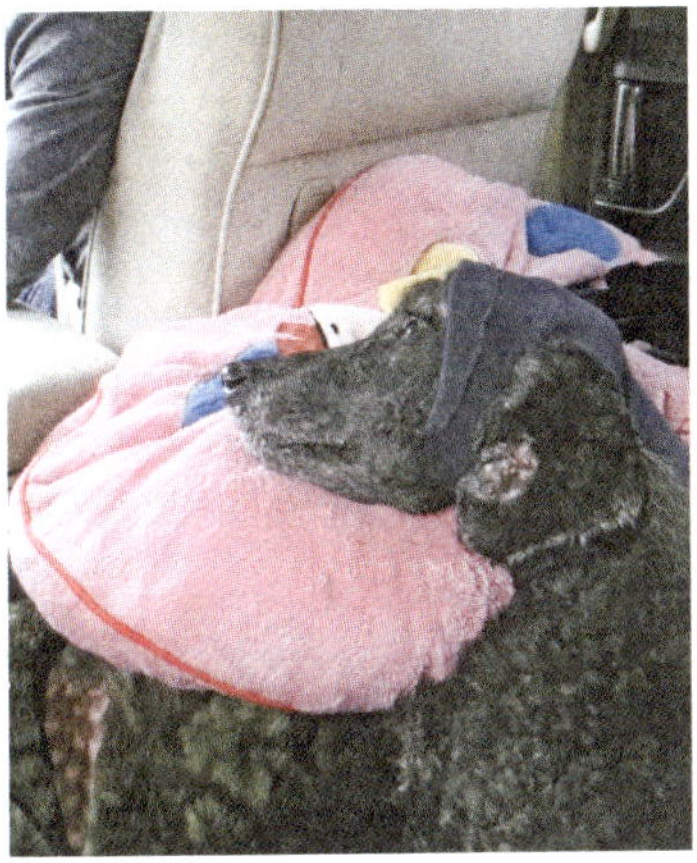

ストレッチ生地で作った耳血腫再発防止スヌード。右耳はスヌードの中へ。

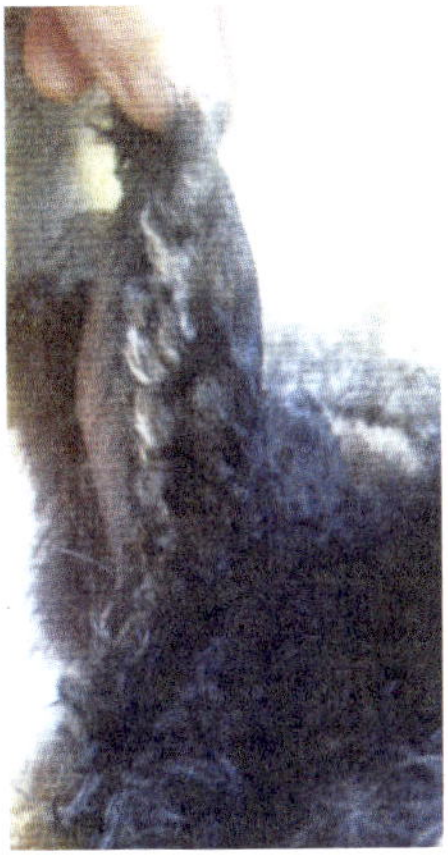

耳血腫（↑）

行き倒れ期・寝たきり期の 室内・車内環境の整備

行き倒れ期は室内全ての隙間にクッションを詰める

踏んばれば立ち上がれる〝行き倒れ期〟はフローリング全面に絨毯を敷き、壁や窓に倒れ込んでもケガしない様に、布団を部屋の外周に並べました。寝床は立ち上がり補助のため、身体を起こしやすい高反発マットレスを2枚重ね、皮膚への摩擦を防ぐため、手触りがなめらかでふかふかな冬用敷毛布を上にセットしました。全ての毛布やシーツは洗い替えをストックしました。

ある日、仕事から帰ってきたら、ソファーの下のすき間に入り込んで動けなくなっており、すでに身体が冷え切って衰弱していた出来事がありました。そこでソファーの下のすき間や全てのすき間にクッションを詰めて、入り込まないように工夫しました。

すき間はさまり防止対策（数歩歩いて倒れる行き倒れ期）

ソファーの下や、ぶつかりそうな場所全てにクッションを敷き詰めてガード。

寝たきり時期は冬用毛布のような なめらかな手触りの素材で床ずれ防止

寝たきり時期は、背中歩きでケガをしないように寝床（194×195㎝キングサイズ）を衣装ケースで囲み、絨毯への這い出しを防止しました。寝床は床ずれ防止のため、「高反発マットレス→低反発マットレス→綿パイルおねしょ防水シーツ→オシッコシート→冬用敷毛布」（P.99参照）の順に重ねました。側面は全て冬用毛布のような手触りがなめらかなクッションを立てかけ、すり傷や床ずれを防止しました。

留守番以外は寝床から必ず出して、団らん参加やソファー寝で、気分転換を計りました。

車移動も室内と同様に、体に負担をかけない環境をつくる。

肩甲骨を使って背中歩きして皮膚を損傷（寝たきり初期）

夏用クッションとして売られていた麻風の素材で体をこすり続けてケガをした。

（↓）患部に熱があるうちは冷やし、白色ワセリンは発見時から傷が治るまでの5日間塗り続けた。

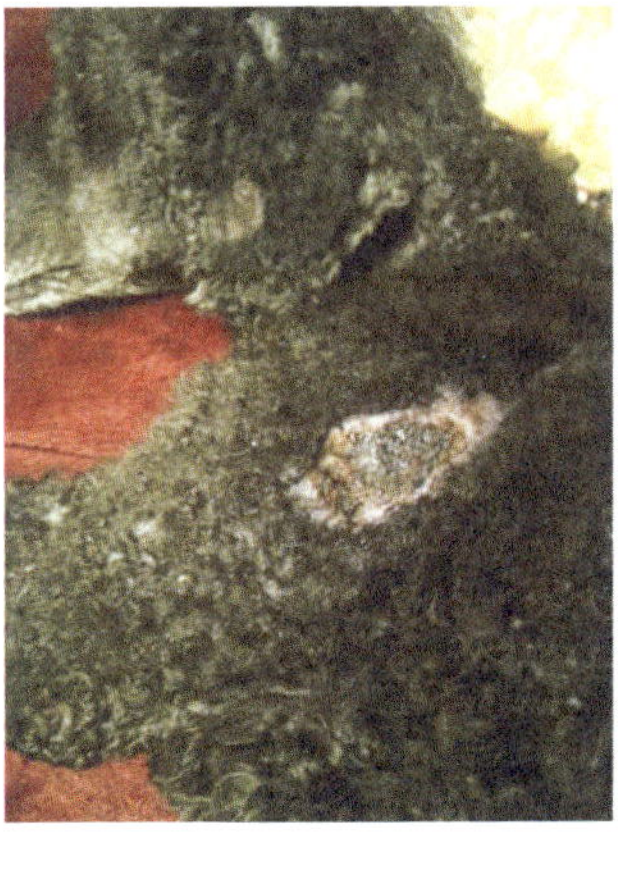

安全で不快感のない姿勢づくり
食事・睡眠姿勢の工夫

❶
ドーナツ型
授乳クッション。
『カインズホーム』
で購入

❷
ゼリービーンズ型クッション。
『ビバホーム』で購入

❸
お月様型クッション。
『B《ビー》-COMPANY《カンパニー》』で購入

睡眠・食事を快適に保つ クッションバリエーション

姿勢次第で食事が再び元気に摂れるようになる上、痛みや不快感が強い姿勢は辛いものです。筋力が低下すると、自力で適切な姿勢を取ったり維持することが難しくなるので、冬用毛布のような、手触りなめらかな素材のクッション類を活用しました。特に活躍したのは、❶弾力あるふかふか授乳クッション、❷弾力あるクッション、❸ふかふかなお月様型クッションでした。

基本の睡眠姿勢

お月様型クッションの先端を前脚の間にはさんで骨のぶつかりを防止している

↑骨が飛び出た部分に圧がかかるとすぐに床ずれができる。寝具や側面は冬用毛布のような、なめらかな手触りでフカフカなことが重要。❸で、頬、頸椎、前足首の骨のでっぱりを保護。頭を支えることで寝姿勢がラクになる。

寝返り時の工夫

←長時間していた姿勢と逆側に寝返りを打たせる場合は、通常よりも厚みがあるクッション❶に替える。クッションはあくまでもなめらかな手触りで体が沈み込みすぎないフカフカなものを探す。

トリミングやお手入れはソファーに寝かせている時に行う

ソファーに寝かせた状態で顔のバリカンや足裏のバリカン、お尻まわりの毛、身体の毛のカットなどを行いました。一度に全部やろうとせず、今日は顔だけなど、犬に無理をさせないことが大切です。人間の介護現場などで使う、ニッパー式の爪切り(アイメディア)を用いたところ、爪も割れず、ラクに爪切りができました。加齢により眼が落ちくぼむので、保湿の目薬は数時間ごとに点眼しました。

日常のお手入れ
鼻や肉球は、こまめに白色ワセリンを塗る。目は濡らしたティッシュで目ヤニをそっと巻き取り、『新ロートドライエイドEX』を点眼し、乾燥を防止。

基本の食事姿勢

全身に力が入らない犬の姿勢サポート
❶ドーナツ型授乳クッションを前脚の下にグルリと巻き、背中でホックを留める。→❷胃が圧迫されないようにゼリービーンズ型クッションを下にはさむ。→横倒れしないよう、ソファーの腕掛けに体をもたれかけさせる。

体圧を分散

愛犬が好まない側へ寝返りを打たせる
下にロングサイズの冬用ふかふかクッション(『ビバホーム』で購入)を敷いたり、上体を少し起こす体勢でいられるクッション(❶を使用)を用いるなどの工夫が大切。
(↑)気分転換でひなたぼっこ中。

筋力が低下してからの
排泄サポート

自力で立てたときと同じ様な姿勢を心掛ける

一部分に圧力がかかる支え方をすると、前後に転んだり、犬が苦しいのでミニ毛布で胴体全体を包み込むように支えます。自分でオシッコを出せなくなった晩期は、膀胱を優しく刺激し、オシッコを容器でキャッチしました。ウンチをするときのポイントは自分でウンチをしていたときと同じ姿勢を作ること。寝たままではこんなにちゃんと排便はできないからです。

お腹を支えるミニ毛布

搾尿で使用したプラスチック容器

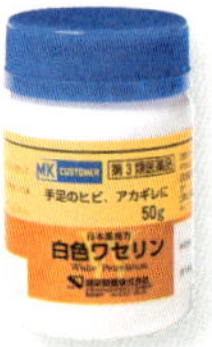

排便補助の白色ワセリン

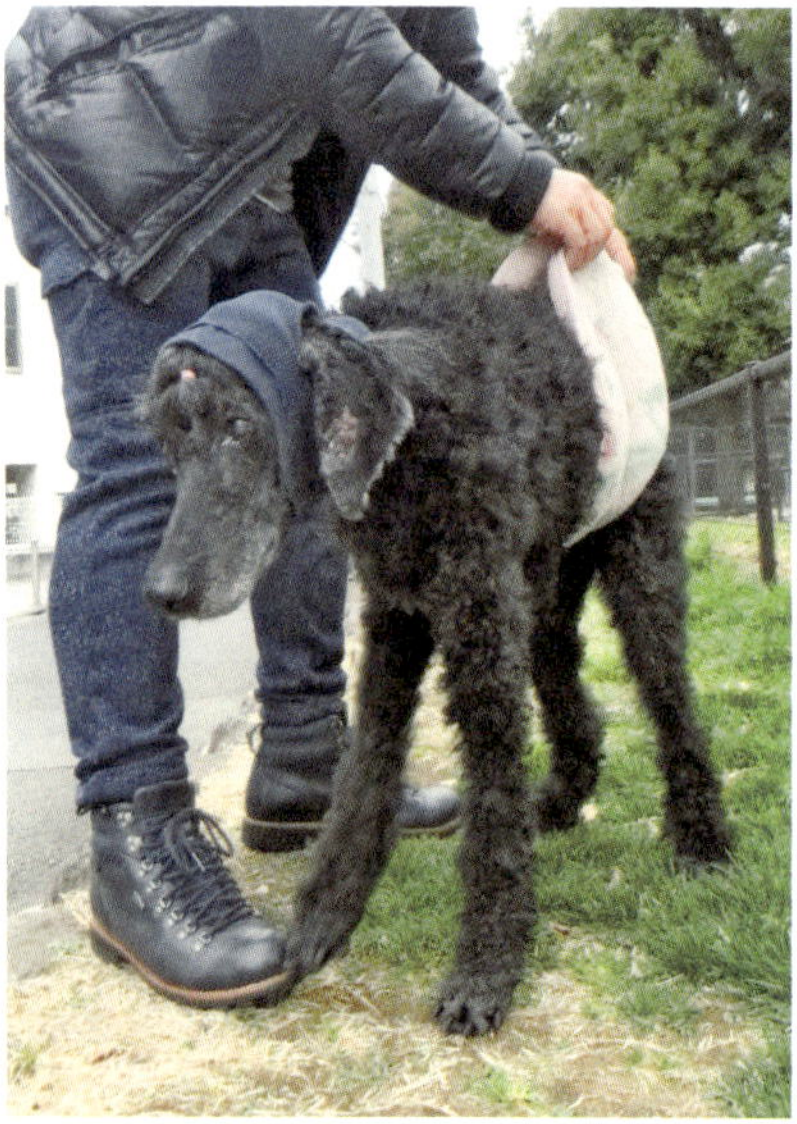

【オシッコ】

前脚の付け根から、後ろ脚のつけ寝までをミニ毛布で覆い、体を支える。犬に合わせてゆっくり歩き、オシッコしたい場所がみつかったら、腰を低くさせ、支えて待つ。

【ウンチ】

人間の右脚太ももに犬を腰掛けさせ、犬のお座り姿勢を作る。ビニール袋を右手にはめ、白色ワセリンを指先につけ、肛門を優しく刺激しながら便を人差し指で優しくかき出す。

寝たきりになってからの寝床づくり

寝たきりになってからは、体をこすり続けていても、絶対に傷にならない寝具を追究することが必須。オネショをしても愛犬に不快感がない工夫も大切に。体は沈み込まないけれど、とにかくなめらかな手触りでふかふかなことが重要です。

1

絨毯の上に高反発マットレスを敷く。

2

1に低反発マットレスを重ねる。（引っ掛けるゴムつきのものを選ぶ）

3

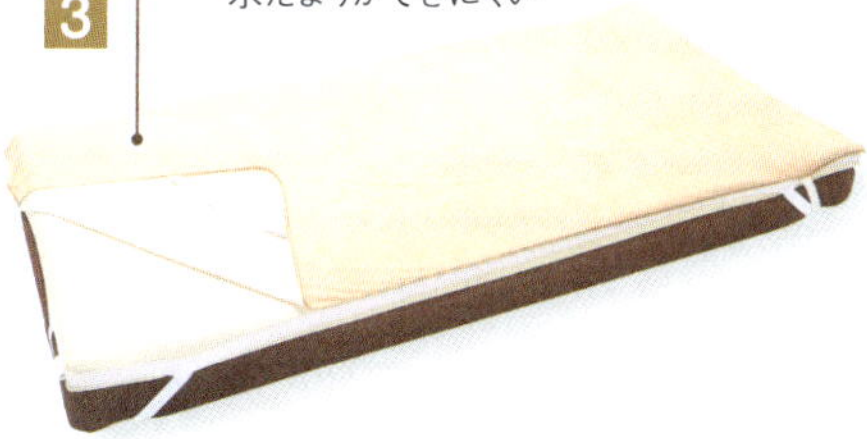

オシッコをしても土台のマットレスが濡れないよう、**2**に綿パイルおねしょ防水シーツを重ねる。（引っ掛けるゴムつきのものを選ぶ）

4

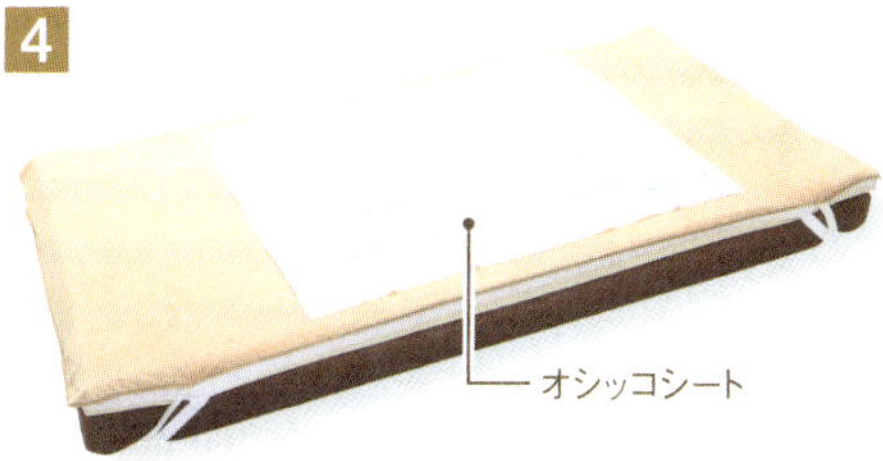

おねしょ防水シーツにオシッコの水たまりができたら犬の体がびしょ濡れになるので、吸水のためにオシッコシートを敷き詰める。

5

Point なめらかな手触りの冬用敷毛布（引っ掛けるゴムきのものを選ぶ。『京都西川』で購入）を重ね、頭にはお月様型クッション、腰の下にオシッコシートを設置。オシッコシートを腰の下に敷くことで、犬自身が濡れる度合いが軽減できる。

正しい姿勢で安全な食事

食事・介助の工夫

誤嚥を防ぐ正しい姿勢をクッションで作り食事前の準備も欠かさずに

食事前には必ずトイレに連れて行ってあげることで全身の筋肉がほぐされ、体の準備運動にもなりました。口腔の準備運動としては、いなばの『チャオちゅーる』を人差し指で少し取り、舌の真ん中に置くとベロベロと舌を動かします。食欲が落ちた16歳以降からは「少量で高カロリー」「牛・豚・鶏肉たっぷり」「甘みある野菜」がマストでした。肉は冷めたらにこごりができるほどたっぷり入れたので、旨味が濃く、美味しそうに食べてくれました。

食事は誤嚥《ごえん》を防ぐ姿勢を意識しました。

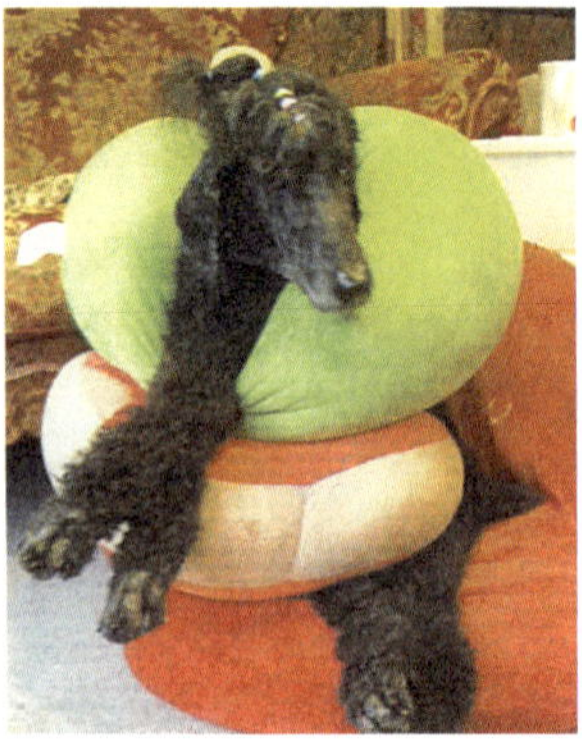

自宅ではソファーで食べていたが(P.97参照)、仕事が忙しく、止む終えず動物病院でお泊りしてもらう際は「お食事姿勢づくりセット」を持参。赤いソファーが体を包み込む形状なので、体の横倒れを防ぐ。

少量で高カロリーの介護食
野菜とお肉の基本ごはん

【材料】300ml タッパー2個分

鶏もも肉(皮つき)……150g
すきやき用牛肉……150g
豚バラしゃぶしゃぶ肉……150g

〈野菜類〉

かぼちゃ
にんじん
キャベツ
――1cm角程度に切ったもの各ひとつかみ

〈エネルギー・栄養補給〉

カロリーメイトコーンスープ味……1缶
三温糖……1/2カップ

〈トロミ剤〉

『ミキサーゲル』
…袋に記載された規定分量

★イサベラちゃん宅は、圧力鍋で「作り方❷」までまとめて作り置き、1食分ずつ冷凍保存してました。
★作り置きを食べさせる場合は、新たに調理した肉と一緒にミキサーにかけ、必ず新鮮さをプラスしました。

下準備

野菜はシリコンスチーマーに入れ、電子レンジで加熱する。
にんじん、かぼちゃは指でつぶれる程度までやわらかくする

※イサベラちゃん宅は素材全てを圧力鍋に入れ、調理していました。
※1日300㎖タッパー2個分＋おやつを好きなだけ食べていました。

共通の作り方

❶ 鍋（圧力鍋）に一口大に切った肉類、野菜、カロリーメイトコーンスープ味1缶を入れる。

❷ 具材がつかる程度の水を入れ、やわらかくなるまで煮込む。
※圧力鍋の場合はごく少量の水を加えるだけでOK

手伝えば自分で食べられる時期

❸ 冷めたらミキサーにかけ、ピューレ状にする。

ミキサー食完成。

口の中に食事を入れてあげる時期

❸ 作り方❶、❷はミキサー食と同様。ミキサーゲルの指示書きに従ってトロミ剤を加える。

❹ バーミックスでなめらかなムース状にする。全体を均一になめらかに仕上げるコツは、「①撹拌→②スーパーグラインダーを上下にふる」この作業を数回くりかえすこと。

やわらかムース食完成。

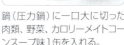

食べたくなる気持ちづくりを大切に

団らん参加をサポート

寝たきりだからと諦めず元気だった頃と同じ状態にできる道具を探し続ける

『Yogibo《ヨギボー》』の巨大ビーズクッションセットが来てからは、寝たきりでも元気だった頃と同様に食卓を囲み、つまみ食いのおやつをもらい、旅行にも馴染みのカフェにもクッション持参で遊びに行きました。楽しいと食欲もわくので、手作りごはんも元気に食べ、お水も飲めました。寝たきりだからと諦めるのではなく、元気だった頃と同じ状態にできる道具を探すべきだと気づきました。

伊豆や那須、清里へ月1回ペースで旅行に行ってた11歳当時。食事の時間が何よりも楽しみで思わず笑顔に。

外食や旅行も巨大ビーズクッション持参で（寝たきり晩期）

宿泊先では簡易ベッドを用意いただき、その上に持参した巨大ビーズクッションをセッティング。朝食が運ばれてくるのをワクワク待っています。

17歳のお誕生日旅行。巨大ビーズクッションを持参して馴染みのお食事処へ。大好きだった場所へ再び来られたことで食欲も増進し、おやつをモリモリ食べています。何袋も完食し、旅先で追加購入したほど。

再びお座り姿勢で団らん参加。驚くほど元気になり、食欲も復活

自宅では人間の団らんに参加するのが好きでしたが、寝たきりになってからは「身体に負担をかけるのではないか?」と心配だったので、お互いにちゃんと見えるけれど、少し離れた場所で寝かせていました。

ある日友人が、「『Yogibo《ヨギボー》』の巨大ビーズクッションを組み合わせれば、座り姿勢で食卓横にいられるのでは?」と気づき、お取り寄せして座った瞬間、寝たきりになって初めて、満面の笑みをみせました(P.92参照)。その笑顔を見て、一人で寂しかったんだ。本当に可哀想なことをしていたと深く反省しました。

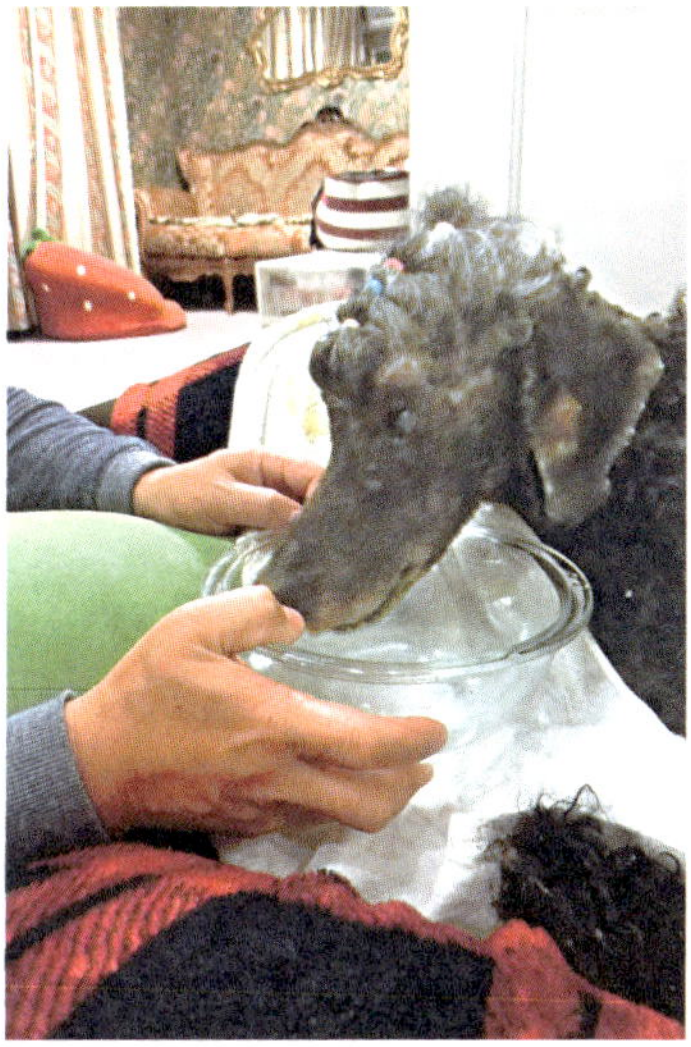

水を飲むときは、ボウルに入れて口元へ。P.98のように人間の太ももにお座り姿勢を作り、お水を口元へ持っていくのもおすすめです。

食卓の横で一緒に食べると食欲も自然とわいてくる(寝たきり晩期)

団らんで活躍したのは『Yogibo(ヨギボー)』の巨大ビーズクッション。赤い土台のクッションは、ビーズをかなり増量し、腰を下ろしてもふかふかになるように調整。体が滑らないように、毛布を敷いて使用。姿勢サポートのために、緑色のドーナツ型授乳クッション(P.96❶参照)も併用しています。

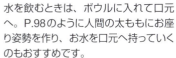

ケア実例 4

介護職・ケアマネージャー経験を活かして

愛犬 グレートピレニーズ／ラッキーくん推定11歳・ベルちゃん10歳

飼い主様ご職業
介護職・ケアマネージャー

短期間で駆け抜けた愛犬の介護生活

ベル(40㎏)が2歳のときに、前の飼い主に虐待されていたラッキー(60㎏)を引き取り、住居一階部分に放し飼いし、2匹仲良く生活していました。ベルが6歳の時、実家の犬が亡くなり両親が寂しがっていたので2年ほど実家に預けることに。ラッキーは虐待され寂しかった記憶からか、家族の姿が見えないと不安を感じるので、寝たきりになってからは主人と交代で休みを取り、24時間一緒にいました。常に声かけすることを心がけ、「愛されているんだ」と思ってもらいたかったです。ベルが我が家に戻った時、ラッキーはすでに亡くなっていました。

介護状態になってからの体重は、ベルが40㎏から34㎏に。ラッキーは60㎏から52㎏ほどになっていました。自分で立てなくなってからは、タオルケットの中央に寝かせ、大人2人で四隅を持ち、担架のように移動させました。寝返りは2時間に1度、犬が動こうとしたときにうたせ、最後まで床ずれができることはありませんでした。寝返りで代謝が上がり排泄を促すきっかけにもなりました。

食事は、自分で食べられる時期と口に入れてあげる時期とで形状を変え、工夫をしました。

ラッキーくんとベルちゃん

ラッキー&ベルちゃんに学ぶべき点

Dr. 須﨑オススメ POINT

① 歩様の異変から短期間で寝たきりに
② 寝返りは2時間に一度
③ 1頭1頭にドラマがある

超大型犬は次々と体調が変化していく それを頭に入れておく必要がある

もちろん個体差がありますが、グレートピレニーズのような超大型犬は、歩き方がおかしくなってから短期間で寝たきりになることが珍しくないようです。身体の急な変化に対応している間に次の変化がやってくることを頭においておくことが必用です。

また、超大型犬はその重さもあって、床ずれになりやすいので、24時間体制で2時間ごとに寝返りを打たせたことも重要でした。

ラッキーくんやベルちゃんだけでなく、他の子達にもドラマがありましたが、この子達の話はぜひ紹介させてください。「ベルが亡くなる2～3日前、大好きなおじいちゃん・おばあちゃんが大阪から会いにきてくれて、帰り際に今まできいたこともない位、大きな声で遠吠えをしました。自分の死期を知って、最期のお別れをしていたのかもしれません。また、亡くなった後に布団に寝かせている間、目を離して犬のところに戻ると、寝ている犬の頭のまわり一杯にぬいぐるみがきれいに並べておかれていました。同居している猫のひなたが一つずつくわえてきては並べたものでした。人間だけでなく、動物にも家族を悼む優しさがあることに涙がとまりませんでした。もしかするとお気に入りのぬいぐるものを持ってきたら再び目を覚ましてくれると思ったのかもしれません。」

後ろ脚に力が入らなくなる時期

ドッグフードを食べなくなり手作り食へ移行する

ラッキーは亡くなる2ヵ月ほど前から、ベルは4ヵ月ほど前から、お散歩中に歩き方がおかしくなり、何かの拍子によろけたり、散歩の途中で帰りたがったりし、家の中で立ち上がるときに「よっこいしょ」という感じになりました。そんな変化を感じてから次第に脚が弱くなり、それに合わせて散歩は家の近所や庭程度にしました。

ラッキーはもともと脾臓の悪性腫瘍を患っていました。ベルの歩き方がおかしくなった頃、いつもより元気がなくなったので、病院に行って検査をしたら、肝臓がんだとわかり、すでに胃にも転移がありました。

食事の際、大型犬は体高があるため、床に食器を置くと頭をかなり低くして飲み込むような格好になります。自分で食べてくれるときは食器を置く高さに注意して、手作りの台などを利用して頭が下がりすぎないようにして嚥下に注意しました。ラッキーは亡くなる1ヵ月半くらい前から、ベルは2ヵ月くらい前からごはんを残すようになり、食べる量が減ってきました。

また、ラッキーは亡くなる1ヵ月くらい前から、ベルは2ヵ月くらい前から、ドライフードは食べなくなり、手作り食に移行しました。

八ヶ岳泉郷の『わんわんパラダイス』へ。旅行は犬と一緒に行ける場所を選んでいた。

排泄介助が必要になり始めた時期

一番大きいサイズのオムツが合わず、シートで対応

ラッキーは亡くなる2週間前くらいから一人で立つのが大変になり、介助が必要になりました。ベルも亡くなる1ヵ月くらい前から脚に力が入らず、ふんばれないので、脚が滑って一人で立てなくなりました。最初はとりあえずお座りの姿勢を取らせてあげて、お尻を持ち上げて立つ介助をしていました。

排尿時には、ベルは介助すればお座りできる間は、座った状態から脇の下と後ろ脚（膝のあたり）に手を差し入れてお姫様だっこで外に連れていき、庭に置いて腰を支えて立たせていました。それが難しくなってからは、二頭ともペット用のオシッコシートを（新聞紙を広げたサイズ）を2枚くらい下半身の下に敷いて、一つは陰部にあてて対応しました。

排便が困難になった頃には、食欲がなくなっていて、ほとんど食べていないのであまり出ませんでしたが、肛門の間にふんわりとオシッコシートを添えました。体型的にペット用の一番大きいオムツを買ってみましたが小さくて入りませんでした。

清潔を保つために汚れやすい部分の毛ははさみで短くカットしました。

ベルちゃんと仲良しの猫、ひなたちゃんと共に。

立てなくなり、寝返り介助が必要な時期

寝返りは2時間に1度タオルを用いて行う

　一人で立てなくなった最初の1週間は、部屋一面に絨毯、タオルを敷き詰める。毛がダブルコートで分厚く、自分の毛がクッションにもなるが、暑くて背中歩きをして移動していた。

　2週間目くらいから、敷き布団→タオルケット→ベッドパットの順に重ね、本人とオシッコシートをその上に置いた。移動はタオルケットの中央に寝かせて大人二人で四隅を持ち（担架で運ぶイメージ）1日1回お散歩がてら連れ出した（通院で車に乗せるときも同じ）。

　床ずれ防止のため2時間に1回寝返りをうたせることにもこだわった。手で寝返りをさせようとすると、1カ所に圧が集中して痛がったので、力が分散されるようタオルを用いた。


【寝返り方法】


　タオルケット中央に横向きで寝ている犬を→「あご」、「あごの下になっている肩下」、「寝返りをうったときに顔が来る位置」にタオルケットの下からクッションを入れる→前脚を2本そろえて仰向けになるように持ち上げる→タオルケットの端を持ち上げて寝返りをうたせてクッションを抜く要領で行う。

　寝返りを打たせるタイミングは、犬が動こうとしたときがベスト。動かすと代謝が促進され、排泄を促す作用もあり、搾尿をする必要はありませんでした。

体重40kg当時のベルちゃん。

床ずれ、ケガ防止の心がけ

プロに習う、床ずれ防止 床ずれチェック方法

寝たきりの期間は二週間だけで、亡くなる一週間前(二頭とも)からは人が手伝っても立てなくなる。寝たきりになった頃に腰骨部分が真っ赤になり、赤くなっている所に圧がかかる時間を減らす。まずは下に敷いているものを柔らかくし、体圧分散を心がけ、頬骨の圧迫防止とよだれ吸収のため、頭の下にフエイスタオルを4つ折りにしたものを敷き、頻回に取り替えました。寝返りをうたせても体がはみでない布団を用意し、タオルケットを用い寝返りをさせました。床ずれは寝たきりになってからこまめにチェックし、発赤が出来ていないかを常に意識し、寝返りを2時間に1度行うことで、皮むけなしで過ごせました。

〈チェックポイント〉

- 床ずれは寝たきり状態で低栄養だと数時間でできる。2時間に1回寝返りを打たせる。
- 骨の出っ張っている部分の皮膚は要チェック。
- 体圧分散効果の高いマット等を使うとベスト。
- 骨同士がぶつかる部分にふんわりクッションをはさむ。
- 敷き物のシワも床ずれの原因。
- 皮膚はムレを防いで清潔に。
- 発赤が出きても絶対にこすらない。
- 汚れたときは40度程度のお湯でぬらしたタオルでおさえるようにふいて、乾かす。

体重 60kg 当時のラッキーくん

食べたくなるメニューを作る
食事の工夫

飽きないように作るものを変えていた

一番心掛けていたのは、「食べ飽きないように工夫する」ことでした。食事量が少なくなってきてからは、少量でも高栄養を心がけ、食事回数を増やす。形状もその時の体調に合わせ、食べやすいように変化させました。水分は、少しでも栄養を摂ってほしくて、人間用の吸い飲みで口の端からポカリスエットをあげました。口からこぼれる量が増えてきたらウィダーインゼリーに変えました。人が食べていて興味を示すものはあげるようにしました。

食欲が無くなってから工夫した手作りごはん

マグロの赤身刺身

【材料】
マグロ赤身（刺身柵）
……300g

【作り方】
❶食べやすい大きさに切る。

自分で食べられる場合
角切りにする。刺身状に薄く切ると、マグロ同士がくっついて食べづらいようだった。

口に入れてあげる場合
薄切りにしてくるくる巻く。

レバー煮

【材料】
鶏レバー……600g
鶏ガラスープの素……少々

【作り方】
❶レバーを食べやすい大きさに切る。
❷鍋に❶を入れ、具材がつかる程度の水、鶏ガラスープの素を入れて煮る。

※冷蔵保存して2〜3日で食べた
※人肌程度に温めて食べさせた

茹でささみの粉ミルクがけ

【材料】
鶏ささみ
……1回で食べられる量
子犬用粉ミルク
……ささみに軽くまぶす量

【作り方】
❶鍋に湯をわかし、表面の色が白っぽくなる程度さっと湯に通す。
❷湯からあげたらすぐに冷水にとる。
❸一口大に切ったら、表面の水分が乾かないうちに粉ミルクを軽くまぶす。

※粉ミルクはあまり好まないようだったので、栄養補助として軽く

表面は焼いて、ふっくらやわらかく仕上げる
たっぷり牛肉の野菜入りハンバーグ

【材料】2個分

牛ひき肉……300g
キャベツ……外葉3～4枚
にんじん……1/4本
ブロッコリー……芯の部分1本

【作り方】

❶野菜をみじん切りにし、ゆで、水気を軽くしぼる。
❷牛ひき肉と❶を混ぜて2つに分けて形づくる。
❸脂をしいたフライパンで❷の表面を焼く。
❹ふたをしてふっくらと蒸し焼きにする。
❺食べるときに一口大に切って与える。

★にんじんやブロッコリーの芯は指でつぶせる程度のやわらかさにゆでる。
★煮込むより、焼いたほうが喜んで食べてくれた。

野菜は指でつぶせるほどやわらかく煮る
鶏肉（牛肉）のスープ

※冷蔵保存して2～3日で食べた
※人肌程度に温めて食べさせた

【材料】

鶏胸肉（皮つき）…5枚
（※牛細切り肉……800g）
キャベツ……外葉3～4枚
にんじん……1/3本
小松菜（ほうれん草）…1/2束
鶏ガラスープの素……少々

【作り方】

❶小松菜を茹でて食べやすい大きさに切る。
❷鶏肉は1cm角くらいに切る。
❸鍋に600ccの水、食べやすい大きさに切った野菜、鶏ガラスープ、❷を加えて具材に火を通し、アクを取る。
❹最後に❶を加える。

同じものだと飽きるので、鶏肉の日、牛肉の日など変化をつけた

★鶏肉は煮込むと身が固くなるので、火が通る程度にとどめる。
★鶏ガラスープは味が感じられるギリギリのラインにする。

大型犬の移動を助け、お散歩、通院、旅行に活躍する！

ロンくんオススメ大型犬用カート

『アストロプロダクツ』のAP折り畳み式キャリーカート。押し手は女性でも押しやすいようにロンくんパパが改造したもの。気になる方は http://rarirureron.hiho.jp/ をご参照ください。

カートの中には『アストロプロダクツ』フォールディングワークマットを敷くと、体に負担がかからない。

ベビーカーのノウハウを集結して完成した『Air Buggy for Dog（エアバギーフォードッグ）』。折りたたむと厚さ19cmのコンパクトサイズに。

通気性、体圧分散に優れた『エアリーマットレス』をカート内に敷いて使うと体に負担がかからない。

Part 4

手作り食の疑問・不安Q&A

教えて！　須﨑先生

高齢犬の食事ルール

高齢犬食の考え方

高齢になると栄養バランスよりも、食べてくれるかどうか？ 少量でもエネルギーをまかなえるかが何よりも大事！

栄養バランスより食べてくれる物

高齢犬が今までの元気な頃と比べて、大きく違う点は「個体差が大きい」ことです。その時点までの生活環境が個々で異なるため、身体の傷み具合、コンディションが同じ犬種の同じ年齢ですら大きく異なります。

この点で非常に重要なのが、

①食べられるかどうか

②誤嚥《ごえん》(P.117参照）しないかどうか。

③必要なカロリーが含まれた食事をしているかどうか。

④必要な栄養素がバランスよく含まれているかどうか。

の順番です。

間違えやすいものに、栄養バランスが取れているかどうかを最優先してしまい、食べてくれないような食事を頑張って食べさせようとするケースです。

ただでさえ弱って寝たきり状態の犬に、理想を追い求めすぎると、食べない↓エネルギー不足↓それを補うために脂肪や筋肉を分解してエネルギー補填↓どんどん痩せていき、飲み込む力や誤嚥後の排出する力などが低下する…など最悪な結果につながりかねません。

もちろん、加齢による変化を食い止めることはできません。全体として下り坂傾向なのは変えようがありませんが、その坂を緩やかにすることはできます。その解決策の一つが、高齢犬の場合は栄養バランスより、食べてくれるかどうか？ エネルギーを十分に摂取できているかどうか？ を優先することなのです。「まずは食べてくれる物」「高たんぱく質・高エネルギー食」を優先してください。

1日の必要エネルギー（kcal）の目安

	犬種	体重	1日の必要カロリー	食事回数
超小型犬（5kg未満）	チワワ、ヨークシャーテリア	1.0～3.0kg	70～160kcal	1回に食べられる量がどうしても減るので、1日の目標食事量を何回にも分けて気長に食べさせます。
	トイプードル	2.0～4kg	118～198kcal	
	ミニチュアダックス	4.0～5.0kg	198～234kcal	
小型犬（10kg未満）	シーズー	5.0～7.0kg	234～301kcal	
	パグ	6.0～8.0kg	268～333kcal	
	柴犬	8.0～10kg	333～394kcal	
中型犬（10～20kg未満）	フレンチブルドッグ	10～13kg	394～479kcal	
	コーギー	10～14kg	394～507kcal	
	アメリカンコッカースパニエル	11～13kg	423～479kcal	
	イングリッシュコッカースパニエル	13～15kg	479～534kcal	
	ボーダーコリー	14～22kg	507～711kcal	
大型犬（20～40kg未満）	シベリアンハスキー	16～27kg	560～829kcal	
	スタンダードプードル	20.5～32kg	674～942kcal	
	ラブラドールレトリバー	25～34kg	783～986kcal	
	ゴールデンレトリバー	27～36kg	829～1,029kcal	
	ジャーマンシェパード	34～43kg	986～1,175kcal	
超大型犬（40kg以上）	ボルゾイ	35～48kg	1,007～1,277kcal	
	バーニーズマウンテンドッグ	40～44kg	1,113～1,196kcal	
	グレートピレニーズ	45～60kg	1,216～1,509kcal	

高齢犬の食事ルール

知っておきたい！嚥《えん》下《げ》障《しょう》害《がい》について

食事や飲み物が食道ではなく気道に入ることを誤《ご》嚥《えん》、それが状態化してきたのが嚥《えん》下《げ》障《しょう》害《がい》です。

普段何気なく行う食べるということ

「健康は失って初めてそのありがたみが解る」と申しますが「ものを食べる」という行為もそうです。食事を見る→口に入れる→噛んで飲み込みやすい塊（食《しょっ》塊《かい》）にする→舌から喉へ送り込む→ゴックンと飲み込む→食道に入った食塊は、蠕動《ぜんどう》運動によって胃へ送られるという一連の動きが、眼、脳、神経、口、舌、頬、喉などを総動員して連携し、パターン化された複雑な動きを無意識で行っています。

嚥《えん》下《げ》障《しょう》害《がい》って何ですか？

上記の「見る→口に運ぶ→噛む→飲み込めるサイズにまとめる→ゴックン→食道から胃へ送る」といった一連の行為を「嚥《えん》下《げ》」といいます。

このプロセスのどこかが、何らかの原因によって機能しにくくなり、その結果、食べ物を噛みにくくなったり、飲み込みにくくなることを「嚥《えん》下《げ》障《しょう》害《がい》」といいます。

嚥下障害の原因は様々ですが、加齢に伴う体力の衰えにより、嚥下機能が少しずつ低下していくという現実があります。この変化は徐々に進行していくため、気がついた時には深刻な状態になっていたということが珍しくありません。

しかし嚥下障害は特別な病気ではなく、加齢により筋力が低下する様に、どんな犬にも起こる可能性があります。

症状の状態を正しく把握し、状態に合わせて、食事の姿勢を整えたり、飲み込みやすい食事を作るなど、適切に対処することが重要です。

食べ物や唾液が気管に入ったら

トラブル1 誤嚥《ごえん》

水分や食塊を飲み込む際に、誤って気道に入ってしまう状態を「誤嚥《ごえん》」といいます。いわゆる「変なところに食べ物や飲みものが入った！」状態です。通常はこうなると、激しい咳とともに排出されます。

しかし、高齢犬になると、筋力や体力、意欲などの低下に伴い、喉の奥の弁がうまく動かなかったりして、食塊が気道に入り、その後にむせられず、結果的に肺に到達することがあります。この様な理由から、嚥下障害対策は、まずは誤嚥を防ぐことが重要なのです。

気づかないうちに脱水症状に

トラブル2 脱水

高齢犬になると「喉が渇いた」という感覚が徐々に鈍くなります。その結果、実際には身体が脱水状態にあったとしても、水を飲まないこともあります。

また、サラサラの液体は飲み込みづらいので、普通でも脱水傾向にある高齢犬が、さらに水を飲まなくなることがあります。

脱水かどうかの指標は、首の後ろの皮をつまんでパッと離したときに、2秒以内で元に戻るなら大丈夫ですが、それ以上かかるなら脱水です。水分摂取にはゼリー飲料や液体にトロミを付けるなどの工夫が必要です。

うまく噛めない、飲み込めない。食べられない精神的苦痛も

トラブル3 低栄養

食べることにストレスを感じ、食事が楽しくなくなると、食べる量が減り、最終的に低栄養状態になる恐れがあります。

そうならないために、まずは日頃から小まめに体重を量り、低栄養状態にならない様、配慮をする必要があります。

少食になるとカロリー不足になる可能性があるので、高カロリー、高たんぱく質食を心掛け、少量でも高エネルギーな食事を与えて下さい。体重がどんどん減ってくるようでしたら、動物病院に相談し、必要な処置をお願いして下さい。

誤嚥《ごえん》を疑うサイン

こんな症状が出たら要注意

1 食べ物をよくこぼす
2 無意識によだれをたらしている（よだれが増えている）
3 食べかすや薬が口の中に残る
4 食事中に咳き込む
5 食後の咳が増えた
6 飲み込みにくい食べ物がある
7 食事に時間がかかるようになった
8 食べたあとに息、声がかすれる
9 よく痰がからむ
10 水や液体でむせることがある

嚥下《えんげ》障害《しょうがい》は少しずつ進行。危険信号を見逃さない

嚥下《えんげ》障害《しょうがい》は、高齢犬に必ず起こるわけではありませんが、ある日突然起こるわけではなく、噛む力、喉へ送り込む力、舌や頬、首などの筋力低下、唾液の性質の変化などにより、徐々に進行していきます。

また、喉の筋力が低下していると、気道に食べ物や液体、痰があったとしても苦しそうにむせる力もないため、誤嚥性肺炎《ごえんせいはいえん》になるまで嚥下障害に気付かないというケースは多いものです。

上記の「誤嚥を疑うサイン」が一つでも当てはまるなら、食べるときに必要な力や感覚が弱まってきている可能性があるので、初期の段階で気付けるように観察して下さい。

食べ物をこぼすなら 噛む&唇の力の低下？

食べ物をよくこぼしたり、よだれを垂らしている量が増えてきたり、硬いものを食べるのが極端に遅くなってきたり、口の中に食べかすなどが残るようになったりすると、噛む力や唇・舌の力が低下してきているのかもしれません。

この状態だと、飲み込む量が減って摂取エネルギー量が不足する可能性があります。

食事をピューレ状もしくはペースト状にし（P.50～51参照）、スプーン等で飲み込みやすい塊にして、舌の上にのせます。状態を見て一口ごとに水を飲ませてもいいですし、食後は口腔ケアをして、細菌が爆発的に増えないようにしてください。

首の力が弱くなると 飲み込む力が低下

ゴックンと飲み込む（嚥下《えんげ》）には、頭を支える首周り全体の筋力がある程度必要です。ですから、加齢に伴い首周りの筋力が弱くなると、嚥下力が低下し、正常な嚥下ができなくなり、嚥下障害につながる可能性があります。

食事中に誤嚥《ごえん》して咳き込んだり、いつまでも飲み込みにくくしているとか、飲み込むのが大変そう、食事に時間がかかる様になるなどのサインが出てきたら、それは飲み込む力が低下してきたのかもしれません。

特に、寝たきりの状態が続くと、首の筋力が急速に衰え、自分の頭すら支えられなくなったりします。

口腔ケアで除菌して 誤嚥性肺炎を予防する

嚥下に関わる筋力が低下して、口の中に食べかすが残りがちになると、口腔ケアをしていなければ、口腔に微生物がどんどん増えていきます。この微生物を多量に含んだ唾液を誤嚥すると、誤嚥性肺炎につながるリスクが高まります。

また、舌を動かさなくなると、舌表面の新陳代謝が進まずに古い細胞が残りがちになり、さらに微生物が増えて、舌に白っぽい苔が生えた状態になります。

食べ物が残る、舌が白い、口臭がある状態になったら、できれば毎日、除菌を中心とした口腔ケアをして、口の中がサッパリした状態を維持してあげてください。

教えて須﨑先生

手作り食が初めて。栄養不足が心配です

どんな食生活になったら栄養バランスが崩れるかを考えたら、心配する様なことにはなりません！

手作り食で栄養バランスが崩れるという誤解

- 栄養バランスが崩れるから。
- 塩分はいけない。
- 手作り食の頃は短命だったが、今はドッグフードで長生き。
- 人間の食べものはダメ。
- 軟らかい食べ物は歯石がつく。
- 煮炊きした食事は酵素が摂取できないからダメ。
- 天然成分は必ずしも犬には安全ではない。
- 野菜は消化できないから一切の栄養素を吸収できず、それゆえ胃腸に負担もかかるから食べさせてはいけない。
- 食材Aには有害成分Bが含まれているので食べさせてはいけない。
- 美味しい物を食べさせることは甘やかすことになる。

などの理由から、手作り食をためらう飼い主さんは少なくありません。

また、「手作り食は栄養バランスが取れないし、塩分も多いから、高齢犬が今以上に具合悪くなってしまうかも…」そんなふうに根拠なく周囲に思い込まされている方もいらっしゃるかもしれません。

まず、栄養バランスについてですが、我々人間でも、市販の栄養バーよりも、栄養計算はしていない、お母さんの手作りごはんの方が体に良く、元気が出ることは経験上わかっています。犬も同様で、本当は手作りごはんが一番なのですが、忙しい人間の都合でドッグフードが開発されました。つまり手作りごはんが大丈夫か心配する必要はないのです。必要ならば栄養補助食品をプラス（P.39参照）すればいいだけです。

手作り食は食べる物が減ったときの強い味方

高齢犬の食欲がなくなって、食べてくれるものが無くなると、「明日の命を繋ぐためにも何でもいいから食べさせてください」ということになります。

しかし、その時に、手作り食に対する間違った知識・印象が判断基準になっていると、「こんな物を食べさせて大丈夫なのか（大丈夫なのに）？　虐待じゃないのか？（ベストなのに）」と飼い主さんが不必要な不安を抱くことになります。しかし、切羽詰まった状況では、急な方向転換をせざるおえなくなります。そんな中、「肉を炒めた物は食べるけれど、フードを水でふやかした物は食べない…」というケースは珍しくありません。「今食べなければ明日の命を繋げない」という状況で、手作り食はダメなどという選択肢を狭める情報が判断基準にあると、救えた命も救えないことになるので、なんとしてでも誤解を解く必要があります。

まず、塩分に関しては十分な水分があれば尿で排泄できますし、それが出来ないのであれば、それは腎臓の問題であり、食事の問題ではありません。

また、ドッグフードが出来る前は短命だったという話ですが、短命だったのは感染症等が原因だったからで、食事が問題だったとはいえません。

そして、人間の食べものがダメというのも、ネギ類等が危険という啓蒙活動が間違って拡がったものですし、硬いフードを食べているのに歯石がビッチリという犬も珍しくありませんから、食べものの硬い柔らかいで歯石がつく付かないが決まるわけではありません。酵素や天然成分、野菜の話は後ほどしますし、美味しい物を食べさせるのは甘やかすことという話も、「メーカーが食いつきの良いフードを開発」することと矛盾します。

十六世紀、医師にして哲学者であった毒性学の祖であるパラケルスス氏の「全ての物質は毒であり、毒でないものは存在しない。ただ適切な容量が毒と薬を区別する」の言葉通りです。何かの成分が犬に問題だという噂が出てきたとき、成分が試験管的には有害でも、食べる場合は濃度が薄くて無害ということはよくあることです。

食材のウワサ徹底検証

犬に野菜をあげたら危険とききました

植物細胞は胃酸や消化酵素で分解できませんが、加熱処理で野菜のメリットを受けられるのです!

野菜を身体が消化できなくても有益な理由

よく「犬に野菜を食べさせるのは危険です」という情報があります。中には「野菜は全く消化されないから吸収もされず、胃腸に負担をかけるので、食べる意味がないし、食べさせてはいけない」というご意見も…。こういうコメントは、「あなたは愛犬を苦しめるのですか?」「あなたのやっている事は動物虐待ですよ!」という強いコメントと共に寄せられるので、予備知識が充分にあれば揺るぎない自信で堂々としていられますが、予備知識が少ないと「そうなのかな?」と不安になるのは仕方がありません。

また、食物繊維はその定義上「動物の消化酵素で消化されない食品中の難消化性成分の総体」ですから、消化されないのは当然です。また、消化されないものを食べることは、便通を促進し、体内毒素を排出するという重要な意味があります。

野菜の栄養を効果的に吸収するためには、加熱処理によって硬い細胞壁を壊せばいいのです。調理法としては、にんじんやかぼちゃなどのβ-カロテンを含む緑黄色野菜は、油で炒めるとビタミンAの吸収率が上がりますし、電子レンジ調理は水を使わないため、野菜の栄養素の損失が最小限に防げます。本書で紹介している煮る調理法は、煮汁に栄養が溶け出すので、スープごと摂取することを心がけます。野菜の抗酸化性実験では、冷水抽出液と熱水抽出液(5分煮沸)を比較すると、熱水抽出液の効力が高かったそうです。

徹底検証

野菜にまつわる気になるウワサ

1 じゃがいものソラニンやチャコニンが中毒症状を引き起こす!?

「じゃがいものソラニンやチャコニンが中毒症状を引き起こす!」などと言われると、新しい毒素が見つかったのかと誤解する方が多い様ですが、昔からいわれているように「緑色だったり、芽の出たじゃがいもは食べてはいけない」という家庭教育の話が、有害成分名で情報提供されているだけです。

昔からいわれているように、じゃがいもはきちんと皮や芽や緑色の部分を取り除いて調理すればいいだけの話です。今まで大丈夫だった食材に新たな不安を焚き付けるような情報に触れたら、栄養学に精通した獣医師に要確認!

2 キャベツやホウレンソウのシュウ酸が尿結石症を引き起こす!?

もし、本当にシュウ酸を含むキャベツを食べたらシュウ酸カルシウム結石症になるなら、とんかつ屋さんでキャベツ食べ放題は犯罪になります(笑)。シュウ酸カルシウム結石症になるためには、尿中のシュウ酸濃度とカルシウム濃度が過飽和になることが重要です。これまでの研究では、犬においてシュウ酸カルシウム形成に影響するのは、尿中シュウ酸濃度が高まることより、尿中カルシウム濃度が高まることの方がシュウ酸カルシウム結石形成に重要であり、それは2017年時点で研究で示されています。

3 野菜のかわりに加熱した米糠《こめこうじ》、甘酒を混ぜると良い!?

「野菜の代わりに加熱した米麹甘酒を混ぜてもいいですか?」というご質問をよくいただきます。おそらく、野菜を食べるのは、①ビタミン・ミネラル補給②食物繊維を供給することで腸内細菌に働きかけることが主な目的です。一方で加熱した米麹甘酒は①グルコース補給②腸内細菌コントロール③食べものが美味しくなるなどの結果が期待できます。ただ、得られる結果、その結果を生み出すプロセスが異なるため、代わりというよりも、それぞれ食べさせていいのではないでしょうか?

食材のウワサ徹底検証

酵素が摂れる生食・生肉が良いとききました

生食で酵素を摂取したとしても、酵素は胃酸で失活します。酵素は必要に応じて体内で作られるものなのです。

生でないと健康を維持できないは間違いです

生の食材がいいという話はかなり一般的ですが、実は生でなくてはダメというのは間違いです！　正確には、生で食べても加熱して食べても身体は消化・吸収・利用ができます。

生の食材に含まれる酵素は、身体を正常に維持するために必要な生体成分です。しかし酵素は、消化吸収されたアミノ酸を材料に「必要に応じて体内で作られる」ものなので、食事で補う必要はありません。

【食事で補った場合の流れ】

酵素はたんぱく質なので胃酸で失活する→胃酸の失活を免れたとしても十二指腸で消化酵素による分解が待っている→仮に分解を免れても次は腸から吸収されるステップ→小さいアミノ酸のサイズなら吸収できても、酵素（たんぱく質）のサイズは大きすぎて吸収不可能。

この様な理由から、生食によって酵素を摂取する意味はほとんど無いということです。

「加熱しないのが自然で、加熱すると胃腸に負担がかかり、短命になる。生肉で長生きができる！」という噂がありますが、これも正確ではありません。自然界で犬は確かに煮炊きしませんが、技術がないことと対応できないことは同じではありません。P.122でも説明した通り、野菜の栄養も加熱すれば効果的に摂取できます。実際、ドッグフードだって加熱処理されていますが大丈夫なのが証拠です。生でも加熱でも消化吸収できるので、高齢犬が好んで食べてくれるものを、安心して食べさせてください。

徹底検証

肉類にまつわる気になるウワサ

1 牛、羊など反芻《はんすう》動物の肉が適してる？

「どの肉や魚がいいんだろう？」そんな疑問をいだく飼い主さんが多いです。大切なことは、身体の消化吸収メカニズムは、どんな食材でも、腸から吸収できるサイズにまで消化酵素で分解し、吸収しているということです。

例えばたんぱく質を真珠のネックレスに例えると、アミノ酸は一個一個の真珠です。そして、ネックレスそのままでは大きすぎて吸収はできませんが、真珠を一個一個、バラバラにしたら吸収できるのです。そのネックレスをどこの宝石店で買おうと、真珠は真珠です。

それと同じで、そのアミノ酸が牛由来でも、羊由来でも、馬由来でも、豚由来でも、鶏由来でも、卵由来でも、魚由来でも、その由来はなんでもよく、一個一個のアミノ酸に分解できればそれでいいのです。その能力が身体にあるので、何由来が一番いいのかという質問をする必要はなく、好みに応じていろいろな動物性食材を食べさせればいいです。私達人間がその様にして生きていられるのと同じ様に、不必要な心配はしなくて大丈夫です。

2 犬種によって適したたんぱく源があるの？

そんなことはありません。ちょっと考えれば解ることですが、まず原理原則として「選択肢が多い方が少ないよりも解決出来る問題が増える」「環境に適応できる生き物の方が生き残る確率が上がる」があります。

例えば、鳥しか食べられない犬がいたとします。何らかの理由で鳥を捕らえられなくなったとか、生活圏から鳥がいなくなったとしたら、他の虫やネズミなどを食べられれば生きられますが、鳥しか栄養源にできないとしたら、生きていけません。鳥をさらに絞って「七面鳥」しか栄養源にできない動物がいたらどうでしょう？　七面鳥が豊富にいる土地でしか生きていけないでしょうし、自然界では淘汰されるでしょう。このように、栄養源にできるものが少ない個体は生き残る可能性が少なくなります。

しかし実際はそんなことはなく、1 にも書いた様に、それがなんだとしても栄養源とできますし、いろいろ食べているからこそ、不足しない、偏らない食生活がおくれます。

教えて須崎先生

オーガニック、無添加表示なら安心!?

安全安心なイメージに踊らされないよう、最低限の知識は持っておいて、選択しましょう!

オーガニック=無農薬とは限らないのです!

普段、なにげなくオーガニック、無添加という言葉を使って「自然派生活」を送っている気分になっていらっしゃる方がいますが、これらの言葉はどんな意味なのでしょうか?

オーガニックは「有機の」という意味で、化学合成農薬や化学肥料を使わず、有機肥料などで栽培する農法のことです。

日本では登録認定機関の認定を受けた農家などが生産したものにのみ、オーガニック(有機栽培)JASマークがつけられます。ですから、農林水産省の有機JAS認定がされていなければ「オーガニック」と名乗ることはできません。

しかし「有機野菜」は農薬を全く使わないというわけではなく、JASが認定した31種類の農薬の使用は認められていますので、JAS規定の農作物は無農薬と限りません。つまり「オーガニック=無農薬」ではないのです。ですから、無農薬であることを期待して購入したオーガニックな野菜や果物も、実際は「肥料はオーガニックだけど、農薬は使ってある」という農作物だとしても不思議ではありません。

ドッグフードも、オーガニックとうたわれていると「良さそう」なイメージが湧きますが、「確かにオーガニック認定された原料は入ってはいるけれど…」ということもあるかもしれません。このように、「偽装」ではありませんが、抜け道があるため、消費者が期待した基準・水準とは異なる商品があることも覚えておいてください。

無添加＝一切の添加物がない…では無い

そもそも「無添加」とは、「添加物を一切加えていない」という意味ではありません。

例えば、酸化防止剤が含まれていないフード「A」があったとして、その一方に発色剤の入っていないフード「B」があり、本当に添加物が一切入っていないフード「C」があったとします。

では、この三つのうち、無添加フードは一体どれでしょうか？

正解は、「全て」「無添加フード」です。なぜなら、Aは酸化防止剤が無添加、Bは発色剤が無添加、Cはいわずもがなだからです。視点を変えれば、酸化防止剤が含まれていないAに発色剤が入っているかもしれませんし、発色剤の入っていないBに酸化防止剤が含まれていたとしても「無添加フード」なのです。なぜなら、Aには酸化防止剤が無添加で、Bには発色剤が無添加だからです。

つまり、無添加とは「ある添加物が入っていない」という意味と同じなのです。

さらに、製造工程では無添加ですが、原料には添加物が普通に含まれている場合でも「（製造工程では）無添加」なのです。私達は、無添加と書いてあると、反射的に「添加物が一切入っていない製品」と思い込んでしまいがちですが、無添加とは全ての添加物が一切入っていないという意味ではないことを理解しておく必要があります。単に無添加フードと書いてあるだけだと、こういう可能性もあることを覚えておいてください。

以上のことから、オーガニックだとか、無添加と表示されているからといって、あなたが期待した印象と同じとは限らないということです。

しかし、高齢犬の残された時間で、その子が食べるもの、食べさせたいものにオーガニック、無添加と表示されていても警戒する必要はないと思います。身体に良いか悪いかより、犬が食べてくれるものを選択しましょう。ただし、市販の物には「価格相応」という原理原則があることをお忘れなく。

手作り食よりも高品質な食材を使用したドッグフードなどありえないのが現実なのです。

教えて須﨑先生

ドッグフードに含まれる栄養分は!?

栄養バランスは大事だけれど、最優先課題ではないことを正確に理解することが不安解消に大事。

ドッグフードは便利なインスタント食品

多くの方は、栄養バランスを整えることが最優先課題で、それがちょっとでも崩れると病気になる、死んでしまうと思い込まされているようです。

しかし、現実は、栄養バランスを取ることは、呼吸をすること（適切な運動）、水分を十分に摂取すること、食事を食べること、の次の優先順位で、それほどピリピリするようなことではありません。

また、ちょっとでも崩れると生命の危機に瀕すると勘違いしている方がいらっしゃる様ですが、あなたが昼食をうどんとお稲荷さんで済ませたとしても、夕方までにビタミン欠乏症でグッタリすることがないように、犬にも素晴らしい調整能力があります。ですから、手作り食の栄養計算をして、ペットフードの基準であるAAFCO基準に満たないと、分析する方がいらっしゃいますが、人間のレシピ本だって、一品一品を調べてみればわかりますが、栄養バランスなんて取れていません。日々、いろいろ食べていると、適切に調整されるのです。

しかし、毎日作るのは大変という方もいらっしゃるでしょう。そんな方のために、作られたインスタントフードがドッグフードです。メーカーとしては、いろいろ食べずに一生「同じもの」を食べて欲しいので、その間に欠乏症になったり過剰症になったりしないよう、計算しているだけなのです。仮に栄養バランスが崩れて具合が悪くなっても、人間と同様で取り返しのつくことなので、心配無用です。

お母さんの手作りごはんが元気の源

P.124～125でもお話ししましたが、食べたものが手作り食であれ、ドッグフードであれ、消化されて栄養素が吸収されるので、本質的には何を食べても大丈夫です。

「価格相応」という言葉があります。ドッグフードは原材料費＋製造コスト＋人件費＋販売費＋一般管理費＋営業利益を合計したものが販売価格です。1000円／kgのドッグフードでも、原材料費が100円／100gではないのです。普段あなたが使っているひき肉の価格を考えたら、市販のドッグフードが家庭料理を上回る品質の食材を使えるわけがないことがわかります。

実際、ドッグフードは食べなくなってしまった高齢犬が、飼い主さんが調理した食べものは喜んで食べ、明日への命を繋いだケースがたくさんあります。

栄養バランスが崩れて病気になる等、起こってもいないことや、仮に起こったとしても取り返しのつくことを、噂だけで判断し、インスタントフードだけの味気ない一生を送らせてしまったことを反省する飼い主さんもいらっしゃいます。

でも、私は後悔も反省もしなくていいと思うのです。ドッグフードも手作りごはんもどちらも選択できることで、多くの飼い主さんが愛犬との生活を堪能できているのです。どちらも上手に活用したいですね。

Dr.須﨑の ワンポイントアドバイス

「価格相応」ですから、作る時間があるなら手作りごはんをオススメします。しかし、忙しいときや時間が無いときは、市販品を有効活用してください。特に、今まで食事にこだわってきた方は市販品を使う事をためらう方が少なくありませんが日々変化が著しかったり、「今日食べたから明日生きられる可能性が出てきた」という状況になることもあります。選択肢を多く持ちましょう！

ドッグフードの袋に記載された原材料を確認すると、サプリメントの集合外のような聞き慣れない成分がいっぱい並んでいる。一見難しく見えるこれらの成分を私たちの身近な食材に置き換えてみよう。

	【成分名】	【身近な食品】	【置き換え食材】
44	タンパク化ミネラル（亜鉛、鉄、銅、マンガン）	亜鉛・鉄・銅・マンガンについては9～12参照	小松菜、牛レバー、ノリ、マグロ、牛肉
45	チアミン	玄米（精白度の低い米）・豆類・豚肉	豚肉
46	腸球菌醗酵物	納豆	納豆
47	鉄蛋白	赤身の肉	マグロ
48	銅蛋白	牛レバー・しゃこ・桜えび・種実類	牛レバー
49	ドコサヘキサエン酸（DHA）	青魚類	イワシ
50	ドライイースト	パン（食パンなどフカフカのパン）	自然発酵パン
51	トリコデルマ菌発酵産物	納豆	納豆
52	ナイアシン	レバー・豆類・緑黄色野菜	牛レバー
53	納豆菌発酵抽出物	納豆	納豆
54	乳酸球菌醗酵物	ヨーグルト・漬物・味噌	納豆
55	バチルス・サブチルス発酵産物	納豆（納豆菌は枯草菌の一種）	納豆
56	ヒアルロン酸	鶏軟骨・鶏手羽・鮭・カレイ・山芋・オクラ・納豆	山芋
57	ビオチン	レバー・大豆・バナナ	牛レバー
58	ビタミンAアセテート（ビタミンA酢酸）	レバー・銀ダラ・ニンジン	鶏レバー
59	ビタミンB_{12}	肉類・魚介類・卵	牛レバー
60	ビタミンD_3（活性型ビタミンD･コレカルシフェロール）	いわし・かつお・マグロ・レバー・肝油	サケ
61	ビタミンE	油脂類・種実類・かぼちゃ	かぼちゃ
62	ビフィドバクテリウム	乳製品	ヨーグルト
63	ピリドキシン塩酸塩	肉・魚介類・バナナ・卵・さつま芋	サケ
64	フェシウム菌発酵産物	乳製品	ヨーグルト
65	プロテイネイト・ミネラル（亜鉛、鉄、銅、マンガン）	亜鉛・鉄・銅・マンガンについては9～12参照	小松菜、牛レバー、ノリ、マグロ、牛肉
66	ホミニーフィード	トウモロコシ	トウモロコシ
67	ポリリジン	魚介類・大豆製品・肉類・卵・乳製品	卵
68	マンナンオリゴ糖（プレバイオティック）	酵母・きのこ類・ごぼう	ごぼう
69	メナジオン重亜硫酸ナトリウム（活性型ビタミンK源）	納豆	納豆
70	メンハーデンフィッシュミール	メンハーデンという魚	イワシ
71	ユッカエキス	ユッカの茎	納豆
72	葉酸	ほうれん草・小松菜などの葉野菜	小松菜
73	ヨウ化カリウム	昆布	昆布
74	ヨウ素酸カルシウム	昆布	昆布
75	ラクトバチルス	乳製品	ヨーグルト
76	リボフラビン	卵・肉などの動物性食品	卵
77	硫酸化ミネラル（亜鉛、銅、マンガン）	亜鉛・銅・マンガンについては9、10、12参照	小松菜、牛レバー、ノリ、マグロ、牛肉
78	硫酸コンドロイチン	原材料はサメひれの軟骨など	鶏皮
79	硫酸鉄	鉄欠乏性貧血を予防するための薬	マグロ
80	レシチン	大豆・卵黄	卵
81	ロンギブラキアタム発酵産物（Trichoderma longibrachiatum）	納豆	納豆

ドッグフードの成分を身近な食材に置き換えてみよう

	【成分名】	【身近な食品】	【置き換え食材】
1	D-ビオチン	レバー・卵黄・大豆・バナナ	タマゴ
2	DLメチオニン	卵・肉・魚類	鶏肉
3	L-カルニチン	羊肉を始めとした赤身の肉	ラム肉
4	亜鉛蛋白	亜鉛	豚レバー
5	アシドフィルス菌醗酵物	乳製品	ヨーグルト
6	アスコルビン酸	野菜・果物	ブロッコリー
7	亜セレン酸ナトリウム	セレン	イワシ
8	亜麻	亜麻（アマ科の植物）	ゴボウ
9	アミノ酸キレート化亜鉛	牡蠣・牛乳・玄米	牡蠣
10	アミノ酸キレート化鉄	レバーなど肉類・海藻	牛レバー
11	アミノ酸キレート化銅	牛レバー・ナッツ・きのこ	牛レバー
12	アミノ酸キレート化マンガン	茶葉・種実・豆・穀物	ノリ
13	イヌリン	菊芋・ゴボウ	ゴボウ
14	塩化カリウム	にがり・岩塩	バナナ
15	塩化コリン	なす・さつまいも・豚肉・牛肉	牛レバー
16	エンテロコッカス	乳製品	ヨーグルト
17	オメガ-3脂肪酸	亜麻仁油・なたね油・魚油	イワシ
18	オメガ-6脂肪酸	紅花油・ひまわり油・コーン油	コーン油
19	オリゴ糖	野菜の根や種	ゴボウ
20	オリゼー発酵抽出物（アスペルギルス）	納豆	納豆
21	家禽ダイジェスト	鶏肉	鶏肉
22	加水分解たんぱく質	魚介類・大豆製品・肉類・卵・乳製品	卵
23	カゼイ菌発酵物	乳製品	ヨーグルト
24	キレートミネラル（亜鉛、鉄、銅、マンガン）	亜鉛・鉄・銅・マンガンについては9～12参照	小松菜、牛レバー、ノリ、マグロ、牛肉
25	グルコサミン塩酸塩	甲殻類の殻・鶏軟骨・山芋・オクラ	山芋
26	黒麹菌醗酵物	泡盛・黒麹酢	納豆
27	酵母醗酵物	アルコール・パン・チーズ・醤油	天然酵母パン
28	コエンザイムQ10	サバ・豚肉・牛肉・イカ	豚肉
29	枯草菌醗酵物	納豆（納豆菌は枯草菌の一種）	納豆
30	米麹菌醗酵物	米の糠など+食品発酵に有効な微生物	納豆
31	サーモフィラム発酵物	乳製品	ヨーグルト
32	細粒ビートパルプ	食物繊維	ゴボウ
33	サブチルス発酵産物	納豆（納豆菌は枯草菌の一種）	納豆
34	シディジェラ抽出物（ユッカシジゲラ・yucca schidigera）	ユッカ	納豆
35	シャンピニオン	マッシュルーム	マッシュルーム
36	醸造酵母	ビール	天然酵母パン
37	醸造用乾燥イースト	ビール	天然酵母パン
38	水溶性酵母	納豆	納豆
39	セレニウム（セレン）酵母	カレイ・マグロ・カツオ	カレイ
40	第二リン酸カルシウム	あらゆる動植物（細胞に存在するため）	昆布
41	タウリン	貝類	しじみ
42	炭酸カルシウム	石灰石	卵の殻
43	炭酸コバルト	動物性食品	牛レバー

食材のウワサ徹底検証

結局、高齢犬の健康によい食べ物って何？

高齢犬は身体のコンディションが個々で異なるので、個々の状態に合った食べてくれる食べ物がよい物です。

理想的な栄養バランスではなく食べられる物

高齢犬は元気な頃と比べて、個体差が激しく、同じ犬種でも、それまでどう生きてきたかで高齢犬時の身体的状態がバラバラです。と申しますのも、それまでの「犬生」で積み重ねてきた身体的状況が個々で異なるため、あるコは病気知らず、あるコは病気がちと、コンディションが個々で様々なのです。ですから、「高齢犬は…」というくくりで考える事は、正確にはか「雑」な対応になってしまいかねません。ですから、「個々の状態に合ったものを食べさせる」と考える事が大切です。

また、食欲が低下して、今まで食べてきた量は食べられなくなることが起こったりするため、元気で食欲があった頃とは違う考え方をする必要があります。

つまり、元気なうちは「犬にとって理想的な栄養バランスの食べ物」を食べさせることが最優先課題だったかもしれませんが、食べる量が減ってきたり、一口食べるのがやっとという状態になってきたら、栄養バランスはさておき、高齢犬にとって重要なのは食べたくなるごはんであることです。生きるために必要なエネルギーが摂れ、排泄をサポートし、脱水を起こさない。この三本柱を軸に考え、今食べてくれるものを食べさせることです。

以上のことから、高齢犬の健康によい食べ物に唯一無二の万能の正解があるわけではなく、個々の状態に合わせて、食べてくれるものを食べさせるという考え方に切り替えることが重要なのです。

徹底検証

犬に良い食材の選び方、考え方

犬と人間は祖先が違う。人間に良くても犬には害がある食材とは？

人間と共通で良いもの OK

- 肉類・魚類・貝類（アレルギー等がなければ）
- イカ、タコ・エビ、カニ（アレルギー等がなければ）
- ゆで卵
- 野菜（煮たりすりつぶしたりがベスト）・果物

犬には注意が必要なもの

- ブドウ（無農薬ならOK）
- レバーの長期に渡る過食（ビタミンA過剰症）
- じゃがいも・さつまいも（喉に張り付くので高齢犬はNG）
- 米類（喉に張り付くので高齢犬はNG）

犬には害があるもの NG

- ネギ類
- タマネギ入りのハンバーグ・すき焼き・カレー
- チョコレート
- キシリトール（表面がツヤっとコーティングされた薬やガム）
- 人間の薬（体重が犬と人間では異なるので、分量オーバーで害になる）
- ブドウの皮（農薬がついている恐れがある）
- 干しブドウ（農薬がついている恐れがある）

これだけはあげるのは避けたい

犬に与えてはいけない食べ物

ネギ類

ネギや玉ネギに含まれるアリルプロピルジスルファイドなどの成分が赤血球を破壊するため、溶血性貧血などを起こし、量によっては死に至る事も。また、具材だけではなく、玉ネギを煮込んだスープなど、エキスが出ているものもリスクがあります（カレー、ハンバーグ、ベビーフードなど）。もちろん、感受性には個体差があり、全く問題がない個体もいます。

チョコレート

人間でもコーヒーを飲むと夜眠れない人がいるように、チョコレートには不整脈、心拍の増加、口の渇き、過剰な活動、痙攣、発作、嘔吐などの原因となるテオブロミンが含まれています。量によっては死に至ることもありますが、どのNG食材にもいえるように感受性には個体差があり、全く問題ない個体もいます。ただ、積極的に食べさせるものではありません。

高齢犬には避けたいもの

高齢犬NG食材は、P.49を参照して下さい。年齢問わずNGなのは、上記以外はキシリトール（人間のガムや経口薬などの表面がツヤっとコーティングされているもの）やブドウの皮など。ただし、ブドウ畑にはワインドッグという、ブドウが甘くなったかどうかを判定する犬が歴史的に存在します。ブドウが問題というより、流通過程に問題がありそうです。

Part 5

高齢犬の疾病ケア

突然の症状にとまどわないために

耳血腫

耳が突然ぱんぱんにふくれてしまった

高齢になり血管が弱ってくるとちょっとした刺激で耳の血管が破れ、水風船のように膨らみます。

症状

耳血腫は内出血等で耳が腫れる状態です。耳たぶ（耳介）の軟骨周囲にはたくさんの血管が存在します。高齢犬が、特に寝たきりになったときなどに寝床などで耳介を強くこするなどが原因で内出血を起こし、耳介内部に血が貯まり、耳が膨れあがってしまう状態です。膨らんだ耳は熱をもち、不快感をともないますので、触られるのを嫌がったり前肢で耳を気にする仕草をしたりします。

対処法

【たまった血を抜く方法】

動物病院で、腫れた部分の血液を注射器で抜きます。消炎剤や抗生物質、止血剤等を投与したのち、圧迫包帯で再度出血するのを防ぐためにすき間無くぐるぐる巻きにします。しかし、固定を外すと再発することは珍しくなく、再発防止にストレッチ生地で犬の頭に合わせてスヌードを作り、治療後の耳をスヌードの中に入れておく方法もあります（P.93参照）。

【外科的処置】

膨らんだ耳介を切開し、貯まった血液等を完全に除去した後、皮膚と軟骨が接着するように縫合することで血液が貯まる空間を作らない方法です。

突然はげしい痙攣《けいれん》におそわれる

てんかん発作

けいれん発作は予防は出来ません。発見したら舌を噛み切らないよう注意し、時間を計測します。

症状

脳の神経細胞が異常に興奮したことで生じる発作で、一時的なものと繰り返し起こるものとがあります。主な症状は二つで、硬直する状態になるケースと、ピクピクとけいれんを起こす発作があります。部分的なものや全身的なもの、数十秒で症状が落ち着いて元に戻るといった軽度の症状から、口から泡を吹いて気を失うといった重症なケースもあります。

対処法

けいれん発作を起こしても慌てずに、舌を噛み切らないよう注意し、発作が落ち着いたら動物病院に連れて行きます。繰り返しこの症状が起こると、脳に深刻なダメージを与えるため、必要に応じて投薬を開始します。特にけいれん発作が数分以上続く場合や、1日に3回以上起こる時はてんかん重責と呼ばれ、脳に外傷ができているなど、大きな問題が生じている可能性があります。脳に問題がない場合は、身体の他の部位に問題があり、その影響でけいれん発作になることがあります。

寝起き低血糖が原因のコは、寝起きにひとさじの蜂蜜をなめさせてから活動させるケースもあるようです。

眼球がぐるぐる回っている

突発性前庭疾患

予防は難しいですが早期発見して対処することが重要です。行動がおかしいと感じたら動物病院へ。

症状

前庭疾患とは、バランス感覚が無くなる病気のことで、突然症状が出る突発性の場合が多いです。症状としては、首が片側に傾いたり、眼が一定のリズムで揺れていたり、歩こうとするとフラフラしたり、一方向にグルグル回っていたり、抱え上げられると暴れたり、暗い場所や寝起きに症状が悪化したり、脚を上げたりジャンプする際にバランスを失ってフラつくといったものが多いです。

対処法

身体のバランス感覚を取っているのが三半規管で、ここに問題が生じるとバランスが取れなくなります。突発性の場合、軽度な時期は時間が経つにつれて少しずつ改善するケースも少なくありません。原因が何かによって取り組むことが変わります。炎症が原因の場合は、消炎剤を用いると症状が落ち着くことがあります。感染症が原因の場合は抗菌薬を投与する必要があるかもしれません。高齢犬の個々の状態に合わせて対応するしかないので、この本を頼りにして方針を決めるよりは、実際の診察を受けて個別の状態に合ったアドバイスに従う方が適切です。

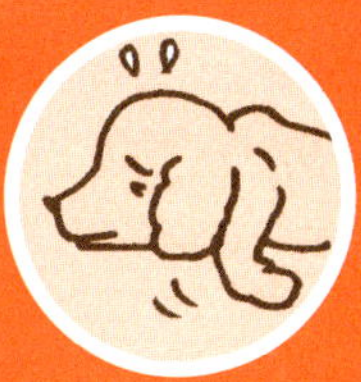

立とうしているけれど、力が入らない

急に立てなくなった

今まで出来ていたことが突然できなくなり、犬も戸惑っています。飼い主が環境を整え、サポート。

症状

高齢犬の足腰の弱りは、後ろ脚が弱る→支えれば歩ける→前脚の力が弱くなり立ち上がれなくなり、必然的に寝たきりに。しかし歩けないだけでまだまだ元気なので、背中歩きで移動ができる。大抵はこのように徐々に変化します。しかし、変化が早い犬もいて、愛犬自身の心の準備が追いつかないケースがあります。その状態を支えてあげられるのは飼い主さんだけです。

対処法

支えれば立てるならば、その時の状態に合った介護グッズで対処して下さい。本文中にも「行き倒れ期」対策を紹介しています（P.62、63、78、79、94、95参照）。踏ん張れば立てるうちは立ち上がりをサポートし、排泄姿勢を自力でとるのが難しい、筋力低下で排便が大変そうな場合は、介助します（P.98参照）。寝たきり時期というと衰弱しているようなイメージを持ちますが、脚が弱って立てないだけです。適切な道具を用いてサポートすれば、元気に食事も摂れますし、お出かけも楽しめます（P.102参照）。

筋力低下、食事量減少による

排便困難

便秘の介助は自分で排便していたときと同じお座り姿勢を作り、肛門周囲をマッサージする。

症状

犬の便秘です。特に、後ろ脚に力が入りにくくなると、自力で力めずに排便が困難になります。排便しようとトイレに行くのに出ないなどがあれば、便を出す筋力が低下しており、排便介助の必要があります。

便が出ないと食欲もわかないので、低栄養になり、あっという間に体調を崩します。排泄介助が難しければ動物病院に連れて行って習ってください。

対処法

後ろ脚が弱り始めて排便のふんばりが難しそうだなと感じたら、まだ歩ける早い段階から、排便介助を始めても良いでしょう。ポイントは自分でウンチをしていたときと同じ座り姿勢を作ってあげること（P.98参照）。

①まずは犬を抱き上げる→②人間の右足を何かに乗せて、人間の右太ももに犬を腰掛けさせる→③ビニール袋を右手にはめて白色ワセリンボトルに指先をつっこむ→④肛門をやさしくマッサージしながら、便をかき出してあげる。→⑤ビニール袋をひっくり返して便を中に入れ込む。

きちんと便を出すことで、食欲もわくので、ぜひお試しください（P.82参照）。

膀胱をやさしくマッサージして搾尿を

排尿困難

オシッコが膀胱にパンパンにたまって自力で出せなければ圧迫排尿を動物病院で教わりましょう。

症状

オシッコをしたいのに出来ず、膀胱に尿がたまってパンパンになる状態です。神経伝達に問題を生じて出せない場合と、何らかの理由で尿道が詰まって排尿出来ない場合があります。一日に何度排尿していたか、その量などをある程度把握しておき、その量に明らかに満たないようでしたら、排尿困難かもと疑い早急に、動物病院に連れて行って、指示を仰ぎ、圧迫排尿等のスキルを教わってください。

対処法

膀胱がオシッコでパンパンに膨らんでいるのを強くもんだら膀胱が破裂するので、膀胱を優しく刺激する必要があります。その力加減は実際に動物病院に行って、直接やり方を教わってください。次に、オシッコを受け止められる容器（コンビニの丼容器など）を添えて、たまった尿を出してあげます。最初尿が出始めるまでは軽くマッサージして、尿が出始めたら、膀胱に手で優しく圧をかけてあげながら尿を絞りだしてあげるイメージです。ソファーに犬を寝かせて、片手で膀胱を軽くマッサージしてあげて、もう片方の手にもった丼で尿を受け止めてみてください。

こまめに白色ワセリンを塗って保湿ケア

肉球や鼻の皮膚が剥がれる

肉球や鼻先の皮膚のささくれは、小まめに白色ワセリンを塗って、出血しないように心掛ける。

症状

運動量が減り、血行が悪くなってくると肉球や鼻の皮膚がささくれて松ぼっくりのようになり、皮膚が剥がれてきたり、出血することがあります。末梢の血行が悪いことが原因の一つですが、歩くことが大変だったり、寝たきり状態になると、末梢の血行回復は難しくなります。そうなると、根本的な解決は難しいので、傷になる前に対症療法的に保湿などの対処をすることが重要になってきます。

対処法

一日に何回も白色ワセリンを塗り、保湿を心掛けます。お尻のかぶれや、擦れてカサカサした皮膚などにも白色ワセリンを塗ると乾燥を防げます（P.83参照）。マッサージ等をして末梢の血行を良くする方法もありますが、まずは白色ワセリンでこまめに保湿することをおすすめします。目が落ちくぼんで瞼が閉じなくなってきた際には、保湿用の目薬をこまめに点眼すると良いでしょう（P.97参照）。

床ずれ、皮膚のうっ血

消毒せずに患部は水洗い。白色ワセリンを塗って保護

寝返りは2〜3時間ごとにうたせて、寝具はなめらかな手触りでふかふかにして床ずれを防止！

症状

寝たきりになり、寝返りを打てない状態で、2〜3時間同じ姿勢で横になっていると、愛犬の皮膚が圧迫され、血流が滞りやすくなり、この状態が長く続くと周辺の皮膚や筋肉が死んでしまいます。この状態を床ずれといいます。皮膚の深いところで症状が進行しているため、飼い主さんが見て確認できる頃には、内部ではかなり進行していることが多いものです。

対処法

長時間、体の同じ場所が圧迫されることを防ぐことが重要です。自宅に誰かがいるときは、2〜3時間ごとに寝返りを打たせてください。また、オムツが擦れて皮膚に負担がかかって床ずれが出来る事もあります。寝たきり期ですぐにオムツを替えてあげられない場合は、オムツを使用せずに、オシッコシートや冬用のふかふか敷毛布にオシッコを吸収してもらい、自らは背中歩きで汚れていない場所へ移動してもらう方式を採用します（P.99参照）。冬用毛布のようななめらかな手触りの寝具であれば、背中歩きをしても皮膚が摩擦によって傷つくことはないという声が多いです。もし床ずれができた場合は、P.31の手順で治療します。

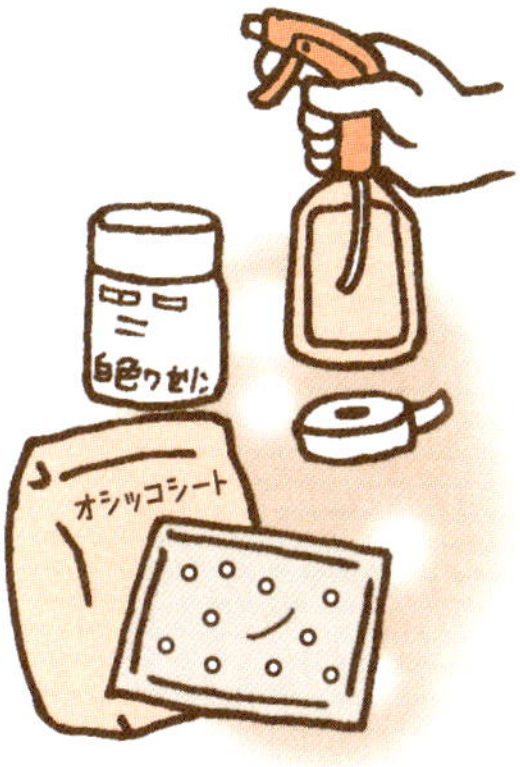

須﨑恭彦（すさき・やすひこ）

獣医師、獣医学博士。東京農工大学農学部獣医学科卒業、岐阜大学大学院連合獣医学研究科修了。現、須﨑動物病院院長。薬や手術などの西洋医学以外の選択肢を探している飼い主さんに、栄養学と東洋医学を取り入れた食事療法を中心とした、体質改善、自然治癒力を高める動物医療を実践している。メンタルトレーニング（シルバメソッド）の国際公認インストラクター資格を活かし、飼い主さんの不安を取り除くことにも力を注いでいる。九州保健福祉大学客員教授、ペット食育協会会長。著書に『愛犬のための　症状・目的別栄養事典』『愛犬のための　がんが逃げていく食事と生活』『愛犬のための　食べもの栄養事典』（講談社）などがある。http://www.susaki.com

問い合わせ先　※病院での診療、電話相談は完全予約制です。

【須﨑動物病院】　〒193-0833　東京都八王子市めじろ台2-1-1 京王めじろ台マンションA-310
Tel. 042-629-3424（月～金　10～13時　15～18時／祭日を除く）
Fax. 042-629-2690（24時間受付）　E-mail. clinic@susaki.com

〈取材協力〉
●ロンくん　http://rarirureron.hiho.jp/
●オーブちゃん　http://ohbunana.seesaa.net/
●イサベラちゃん　Instagramユーザー名　ericco120
●ベルちゃん、ラッキーくん

〈モデル協力〉
ニコラくん、ルイちゃん、リロくん（ロンくんご家族）
ナナちゃん（オーブちゃんご家族）

●撮影：伊藤泰寛（講談社写真部）　P.35～54、67（左）～69、96～100（切り抜き写真）、101、110～112
●デザイン：田中小百合（オスズデザイン）
●イラスト：藤井昌子

食《た》べる・歩《ある》く・排泄困難《はいせつこんなん》、加齢《かれい》による病《やまい》に対応《たいおう》
愛犬《あいけん》のための　症状《しょうじょう》・目的別《もくてきべつ》　高齢犬《こうれいけん》ケア百科《ひゃっか》
2017年12月7日　第1刷発行
2024年2月5日　第6刷発行

著　者　須﨑恭彦《すさきやすひこ》
発行者　清田則子
発行所　株式会社講談社
〒112-8001　東京都文京区音羽2-12-21
販売　TEL.03-5395-3606
業務　TEL.03-5395-3615

KODANSHA

編　集　株式会社講談社エディトリアル
代　表　堺　公江
〒112-0013　東京都文京区音羽1-17-18　護国寺SIAビル6F
編集部　TEL.03-5319-2171
印　刷　半七写真印刷工業株式会社
製本所　大口製本印刷株式会社

N.D.C.645 143p 21cm ISBN978-4-06-220848-2